阅读改变气质
知识改变命运

毕业后的发展、行动全指南

赢在起跑线

毕业必修9堂课

毕业季实用指导丛书

皇甫智见 ◎ 著

★★★★★
出版人的良知，五颗星的品质

毕业是个残忍的季节，**成熟的不成熟的都要一同收割**
毕业三岔口，向左，向右，还是走中间，**这是个难题！**
不要因为难以抉择而屈服现实，放弃**梦想与追求**，从而遗憾终生。
也别因为**心智不成熟**而太不现实，从而失去角逐人生的入场券！

企业管理出版社
ENTERPRISE MANAGEMENT PUBLISHING HOUSE

前言

这些事，毕业时必须想明白

　　毕业了，有人要工作，有人要读书，有人要考公务员，有人要结婚。人这辈子什么都是环环相扣，今天的一个小决定，也许会影响一生的命运，就像蝴蝶效应。这道理不是没人懂，所以刚出校园的年轻人，特别害怕第一步走错，他们在毕业前后很长一段时间，会无可避免地会陷入一种恐慌的状态。

　　有的人选择继续读书考研究生，以此来缓解就业压力。一些考生并非对某种专业有专研兴趣，只是为自己增加学历筹码，更有的人只是为"家里蹲"找个正当理由，考了一年又一年，浪费了时间和精力。等他们千辛万苦考上了，毕业后又要面对就业的压力，此时研究生学历贬值，又失去了年龄优势，更加感觉无所适从。难道要继续读书，一路读下去，读到老，一辈子不接触社会？

　　这种逃避和盲目的情况在考公务员方面也有体现。其实深入其间，会发现很大比例的考生只是抱着"试水"的心态，考上了固然好，考不上也要考，毕竟国家体制内的工作是最稳最舒服的。

　　赶"考公"热闹的人却很少考虑，自己的个性是否合适，公务员的工作性质比较特殊，有的时候很忙，有的时候比较清闲，还有各种关系复杂的考核，人际关系也很难处理。如果是一个向往精英职场生活，又比较讲究自由度的年轻人，其实不适合公务员生活。但是，看着逐年上涨的考公数字，有几个人报考时能考虑到这些方面？

　　当然，大部分人首先把希望寄托在找工作上，好像找一份好工作就万事大吉了，但现实中理想的工作又不是那么容易找，于是慌慌忙忙地先就业，又陷入了职场的迷惑当中，如果找到一份不适合的工作，很容易丧失斗志。

　　什么样的工作叫"不适合"？简单来说，就是不适合的行业，不适合的职能，不适合的制度。首先是专业和行业难以匹配，毕业后一旦踏入了一个行业，就很难再转行。而一个人的工作岗位和个人性格也有很大关系，个性内向的人做不好后勤工作，不够细致的人做不了会计工作，如果不幸选择了不适合自己的工作会感觉到非常痛苦。

　　最重要的还有企业制度，在国企、私企、外企生存的策略都有不同。这也会造成毕业时的就业恐慌，国企福利好有保障，但是论资排辈的现象比较严重，毕业生容易摸不清门道；私企发展空间大，学习机会多，但是风险大，压力大；外企环境良好，薪水比较高，能体验不同的企业文化，但是起点高，发挥的余地不大，而且工作强度大。这些企业制度各有利弊，就业最重要的就是定位，定位明确，也不会对择业恐慌，对职场恐慌。

当然，很多有志青年也许会选择创业，这能给人极大的成就感和收益，但是总体来说，这个选择投入多，成功的人少，容易造成更大更深更久的恐慌。特别是现在的经济环境，不是大学生毕业创业的温床，在毕业生各方面都不成熟的条件下，更不能急于一时。

毕业后除了以上选择，还有诸如留学、自由职业等选择，这都不是逃避现实的出路，需要考虑的东西更多。

总体来说，毕业时的恐慌征候，大部分是由于对自己认识不清，又没有非常突出的技能傍身，所以造成对陌生环境的恐惧，害怕选择错误的恶果。

我认为一个年轻人毕业前夕，应该抽时间出来认真做一件事，把自己从里到外分析一遍，包括家世背景、人脉关系、学历技能、性格习惯。有很多东西光靠想是想不出来的，只有经过历练，才能理解其中奥妙，但那需要付出的代价就大了，所以这里先做准备，就是为了杜绝毕业恐慌，不走无谓的弯路。把自己的情况一一列出来，能够很好地发现自己的优点和缺点。发现了不足，就去改正，发现了优点，就善加利用。想出类拔萃，一定要比别人先走一步，还要忍受得住寂寞和孤独。

除了事业问题，个人的生活与情感也无法忽视。因为教育制度的问题，大部分人大学一毕业，就到了一个适婚年龄，无奈的是，这时候如果没有做好准备，往往一拖就是三四年，直到好多适合自己的结婚对象被挑走了，自己又不愿意将就凑活，最终成了一个大问题。而那些早就有恋人的人呢？有的人感觉一毕业就结婚实在太仓促，除了那些可以得到家人资助的人，大部分人毕业时绝对不具备成家的经济实力，而且其中很多人根本没有结婚生子的心理准备。再说，刚毕业正是打拼的时段，怎能贸然陷入鸡毛蒜皮的家常琐事中呢？

这还是一个定位问题。一个人究竟要的是什么？对于年轻女性来说，有的希望做个职场女强人，可以和男人拼，有的则笃信干得好不如嫁得好，又或者只想过家常小日子。男人则是觉得先成家后立业并不矛盾，或者觉得找到合适的先定下来，免得以后找不到喜欢的。所以诞生了一大批"毕婚族"，一毕业就结婚，从实际调查来看，有的很和谐，有的则以悲剧收场。

所以任何事都没有一个定论，二十几岁刚毕业，就不能再懵懵懂懂了，要对未来几年的路有一个详尽的规划，事业和家庭两手抓。

刚步入社会的新鲜毕业生难免有些傲气，这是可以理解的，要保持这种意气风发的势头，但内心要低调谦虚，随时准备学习，说话时常带微笑。勤于思而敏于行，对自己定位准确了，就一步步去实现，毕竟刚毕业的时候很多人在钱、人脉、经验、阅历上都得从零开始积累。

这并不是让人恐慌的原因，很多东西都可以靠时间和努力累积起来。也不要害怕选择，对自己定位准确了，明白自己想要什么、具备什么，就大胆地选择，年轻就是资本。而最值得恐惧的，是毕业后没有一个清晰的规划，没有一个正确的思路，整天像没头苍蝇一样乱闯，这样的毕业生一定会被社会"欺负"。

总之，走了耕读岁月，远去了灯光书影。面对毕业，你将有新的日程，将开始另一段新的生活。希望本书能作为你从校园人向社会人蜕变的指南，让你少走弯路，尽快实现自己的梦想。

目录 Contents

前　言　这些事，毕业时必须想明白

第一章　未雨绸缪，毕业前就为工作做足功课

国人讲究"未雨绸缪"，不打无准备之仗，有些人认为毕业后才是真正融入社会的开始，毫无前瞻性导致了毕业时手忙脚乱，甚至在毕业后很长一段时间无所适从，各方压力袭来，就像起跑前没有集中注意力，发令枪一响脚就软了，面对未来的工作，心态要现实一点，不打无准备之仗，毕业之前就要做足功课。

定位准确，戒骄戒躁 3
先有短期目标 5
心态升级，不盲目悲观 7
了解自己的优势和劣势 9
分析手头的"关系资源" 11
给自己一些压力"测试" 13
了解基本的人事制度 15
收集各路信息，寻找机会 17

第二章　走出校园，思维要一起毕业

学生生涯和社会人所处的环境不同，想问题的方式也有所转变，不能用校园那一套来应对社会。从这个方面看，成熟不以毕业证书来鉴定。一些幼稚的错误理念不改变，难免会遭遇挫折，这也是一些人毕业后越走越不顺的原因。

别在等待中挥霍光阴 23
做事要分轻重缓急 25
敢于拒绝，善于拒绝 27
用"代入法"想问题 29
宁弯不折才是英雄 32
为学历自卑很愚蠢 34
不要过于愤世嫉俗 36
梦想切忌虚浮 38

第三章　现实很残酷,懒散无为的恶习一定要剔除

很多大学生明明很年轻,所表现出来的生活状态却"暮气沉沉"。这种散漫的态度不能带到毕业后,成熟的社会人要对自己有所控制,这关系到个人的前途和生计,绝对不能懒懒散散。得过且过不是一个好习惯。

别让生活陷入复制的恶循环 …… 43
毕业了,要对自己的健康负责 …… 45
个人形象就是品牌 …… 47
从虚拟走向现实 …… 49
尽可能地多见世面 …… 51
离开才能成长 …… 53
及时总结经验和教训 …… 55
拒绝拖延症 …… 57

第四章　求职面试是门技术活,你要懂得步步为营

决定毕业后就业,就要认真应对,无论是做简历、面试还是选择工作,都不是纸上谈兵的流程,中间的技巧一定要用心体会。酒香也怕巷子深,是个人才也需要懂得推销自己。当然,先决条件是要有目标,决定好求职方向,才能瞄准招聘公司的靶心,一击即中。

简历不可敷衍了事 …… 63
求职最忌"广撒网" …… 65
修饰弱项,凸显强项 …… 67
面试说话,"宁慢勿快" …… 69
克服"密闭"空间恐惧症 …… 71
保持冷静,不卑不亢 …… 73
量力而行 …… 75
最好的不一定是最适合的 …… 77
专业≠职业 …… 79
要有骑驴找马的掌控能力 …… 81

第五章　学点人情世故,别在职场自乱阵脚

面对新环境,职场新人最容易"慌不择路",越走越错,从而对职场产生恐惧感。在工作中,最重要的是保持镇定,分析局势。无论是工作本身还是人际关系,掌握窍门其实很简单。一些微妙的"潜伏"规则,需要刚毕业的年轻人好好体会,大胆验

证。

同事相处,亲疏有度 87
新人入职,勤快不吃亏 89
前辈必有过人之处 91
别不把小领导当领导 93
管住嘴,迈开腿 95
事情做在明面上 97
公司小不代表起点低 99
摘掉优等生的光环 101
千万不要站错队 103

第六章　遵从内心的召唤时别太理想化

有人不满足于现状,于是选择了继续深造或者自主创业。其实这条路并不好走。所以,下决心之前先分析自己行不行,再规划一下整个方案,千万不要鲁莽行事。个人的婚恋问题也是一样,现实生活比想象中的残酷,不要过于理想化。

创业,先掂量掂量自己的"本钱"再说 109
想当老板先打工 110
"考公"不一定有完美结局 112
考研读研的成本问题 115
留学的可行性报告 117
SOHO 也有技术含量 119
"毕婚族"能走多远 121

第七章　适应角色转换,别再幻想别人替你搞定一切

面对社会这个大熔炉,很多大学生刚毕业的时候往往搞不清自己的身份,以及要以什么样的态度应对这个世界。其实,毕业生最重要的是要完成角色转换,从学生到职员,从被照顾到照顾自己照顾家人,从花钱到挣钱,从单纯消费到习惯理财,凡事都要对自己负责,这才是成熟的标志之一。

上学是花钱,上班是挣钱 127
吃苦是毕业后的第一堂课 129
别太把自己当盘菜 131
学会变通,别太"老实" 133
从一穷二白开始理财 135

杜绝"朝九晚五"抑郁症 …………………………………………… 137
人穷志不要短 …………………………………………………… 139
学习并不局限于书本 …………………………………………… 141

第八章　走出与世隔绝的"宅生活",主动去编织你的人际关系网

无论在哪个国家,"朋友多了路好走"都是不变的真理。一个人就像一个点,串联起来才会形成社交网络。再有本事的人也不能独立成"孤岛",人际关系将会伴随其一生,有时还会起到决定性作用。但朋友这么多,哪些能起到"作用"？这就需要精确设计,才能保证质量。

有来有往,才有来往 …………………………………………… 147
带眼识人,结识"贵人" ………………………………………… 149
接名片和发名片的奥秘 ………………………………………… 151
朋友名单上的加减法 …………………………………………… 153
结识新朋友要循序渐进 ………………………………………… 155
不要在朋友圈中找自信 ………………………………………… 157
姿态过低只能成为跟班 ………………………………………… 159
朋友也要"分门别类" …………………………………………… 161

第九章　做人现实一点,没有人为你的天真买单

有些人的观念是错误的,他们认为自己还年轻,没有那么多心眼,本来就单纯,得罪人也是可以理解的,会被原谅的。其实,你一旦步入社会,无论有多年轻,就必须学会为人处世,这是基本的人间法则。就像幼兽再小,一旦开始捕猎,就意味着要和成年兽一起争夺资源。不懂规矩不行,别人凭什么让着你？

听人说话"拐个弯" ……………………………………………… 167
与人相处别太敏感 ……………………………………………… 169
赞美别人又不用花钱 …………………………………………… 171
冷言冷面惹人嫌 ………………………………………………… 173
保持谦逊,走得更远 …………………………………………… 175
"马屁"要拍得圆润 ……………………………………………… 177
留心"捧杀"陷阱 ………………………………………………… 179
修养可以修炼 …………………………………………………… 181

第一章

未雨绸缪，毕业前就为工作做足功课

国人讲究"未雨绸缪"，不打无准备之仗，有些人认为毕业后才是真正融入社会的开始，毫无前瞻性导致了毕业时手忙脚乱，甚至在毕业后很长一段时间无所适从，各方压力袭来，就像起跑前没有集中注意力，发令枪一响脚就软了，面对未来的工作，心态要现实一点，不打无准备之仗，毕业之前就要做足功课。

本章导读

◉ 定位准确，戒骄戒躁

◉ 先有短期目标

◉ 心态升级，不盲目悲观

◉ 了解自己的优势和劣势

◉ 分析手头的"关系资源"

◉ 给自己一些压力"测试"

◉ 了解基本的人事制度

◉ 收集各路信息，寻找机会

定位准确，戒骄戒躁

毕业后所面对的社会自然不容易应对，但也没有夸张到有人宣扬的那么恐怖。年轻、有体力有激情、有知识有学历，已经将很多人比了下去，所以关键就在选择上，而大多数人的恐慌就来自于不知何去何从，看起来前程似锦，却又处处陷阱。

人生的阶段性在于，每个人对自己的定位也在不断改变，从小到大都在读书，所以身份是学生，对自己的定位是做个好学生，学好知识考试拿优，遵守纪律团结同学。一级一级往上读，终于大学毕业，这个阶段的任务是步入社会，正式成人。

然而大部分毕业生很迷茫，到底应该怎么走？自己究竟适合哪一条路？选择太多了也不是一件好事，工作、创业、考研……毕业之前，这都是比较抽象的事情，虽然经常说起，也只是存在于口头上，一毕业就成了摆在眼前实实在在的问题，汹涌而来让人难以招架。

定位对一个人的成长非常重要，只有正确定位才能找准目标走对路。毕业后能否起步顺利，越走越顺，都在于一个精准的定位。一开始定位的诀窍在于——不脱离现实，高估自己；也不自卑自怨，匆忙地随便找条路就走。

毕业后的生活是全新的，也许你不能完全把控，空有豪情万丈并不能战胜一切，如果不喜欢像其他"平凡人"一样找份工作，可以考虑自己创造财富，但请先思考一下这个定位，真的不是意气用事？

自己当老板比当员工艰难一百倍，要付出的成本和代价非常大，从一个方面来说，我并不建议刚毕业的年轻人贸然创业，当然，就业形势如此严峻，如果有机会有资金有素质，可以考虑从小做起，在进步中求发展。所以，就业还是很多毕业生的第一条路，这个定位对很多人来说，算是不过不失、不偏不倚。

在求职期间，毕业生对自己的定位也很重要。到底该找哪一种工作？是该进国企还是名企或者外企？这些都必须准确定位。更不消说选择岗位和行业，切不可自以为是，不是说有的挑战太艰难，实在是需要考量自身情况，比如你脚上穿双高跟鞋，适合去爬一座又高又陡的石头山吗？

有一个老生常谈的例子：比尔·盖茨从哈佛退学创办微软，这几乎成了很多人创业的榜样，可笑的是真的有很多人从大学退学去寻找理想。人要对自己的人生有所定位，榜样的力量在于激励而不是套用。比尔·盖茨首先有聪明的大脑和过人的社会活动能力，还有强大的执行力和誓不罢休的毅力。虽然他从哈佛退学，但他的专业知识是从中学就开始累积的，有经验有想法，而且显然他拥有名校的背景和人脉。20世纪六七十年代，很多人对电脑一无所知，他已经成为先锋者，并且在80年代占尽了先机，时代造就了他。当然，最少不了的是家庭做后盾，无论是教育还是资金，或是家族背景，都对比尔·盖茨的起步有不可磨灭的影响。

每一个人的成功都离不开自身条件，条件包括很多项，要根据这些条件对自己准确定位。一些成功的故事也许并不适合你，找到自己的路最重要。

好高骛远固然不是好习惯，但人也要学习欣赏自己。这不是一种自恋的表现，所谓的"欣赏"是发现自己的闪光点，就像高考估分一样，把自己的分数估计太低，报志愿的时候没有胆量，会造成"高分低走"的悲剧。定位也要沉得住气，不要太急躁，看到身边的人都有了着落，这时候很容易就慌了，开始对自己的能力和运气产生怀疑，"慌不择路"就是这么来的，往往走上一条并不适合自己的岔路，日后想纠正这个错误，就要付出巨大的代价。

表弟毕业后找工作花了小半年的时间，高不成低不就，这期间很多同学都签了单位，在这种状况之下，原本很沉得住气的表弟也开始慌了。我曾经建议过他，工作的问题急不得，家里也不等着他养家糊口，为了个人以后的发展，最好是耐着性子找个好的。不知道是受了哪位朋友的启发，表弟最终受不了等待的压力，决定考研，实际上他的专业并不需要进一步的学历提升，经验反而比较重要，可惜表弟一意孤行，觉得找不到好工作，不如读个硕士学位增加筹码。

好在表弟从小成绩不错，顺利考上了研究生，没有浪费更多的时间。转眼研究生将近毕业，他却陷入了更大的困惑中。这个专业的硕士学位并不值钱，行业内更愿意找有实际工作经验的，哪怕是大专学历，一来就能上手的人最受欢迎，工资起步也不用研究生那么高。所以表弟虽然是研究生，但在年龄和经验上都没有优势，这样的结果让他很苦恼。

表弟毕业后的定位显然是"急躁"酿苦果，对自身优势和专业形势分析不清，周围的环境一逼迫，就躲进了考研读研的避难所。俗话说，好饭不怕迟，只要自己有本事，等待时机的过程不过是养精蓄锐。

我告诉表弟，这个时候的他更急不得，定位好自己的路，挽回还不难。首先争取工作机会，积累行业经验，学习做人做事，过几年学历的优势自然就会显现出来，要往上爬或者跳到更好的公司，会轻松很多。

虽然表弟的起步迟了几年，但只要再一次定位自己，要翻盘还是不难，这个时候的他和本科毕业后的定位又有不同，人生的阶段性又一次显现出来，可见定位要从自身环境出发，把弱势转化成强势。

毕业后面对的并不是悬崖，这个人生阶段不仅有挑战，也有无穷无尽的机会，如果你真的是人才就不会被埋没，前提是必须对自己定位准确。

先有短期目标

饭是一口一口吃的，毕业后无论选择哪一条路，都要详细规划，不要大而化之，只有一个笼统的成功概念。分段计划可以降低难度，也更容易坚持，这就是短期目标的魅力所在。短期目标是长远理想中的一环，每一个短期目标紧密相连，背后是一个统一目标，发力的时候更集中，看起来分散，实际上是连续的。

面临毕业，先把雄心壮志放在心里，最重要的是规划一下眼前应该怎么走，短期内要走到哪一步。打个简单的比方，如果你觉得体制内比较适合自己，而且对从政有兴趣，短期内的目标就是先考上公务员，显然这全国第一考不是那么简单，所以更短期的目标是把考试的材料研究透，分析招考的岗位，还有最近几年的考试信息。

这样的细分目标，首先就把"从政"这个梦想落到实处，不会感觉远在天边，先把眼前能做的事做好——考上公务员，至于怎么往上走，那就是接下来的目标。一步登天很难，每天沉迷在官场小说里，没有一个细分目标，那"从政"这个虚无的梦想，永远都是虚无的。所以，定制短期目标，从另一个意义上来说是要毕业生在心理上成熟起来，感受脚踏实地的重要性。有梦想固然好，但是梦想太大，往往让人感觉无从下脚，结局往往是"思想上的巨人，行动上的矮子"，短期目标则可以分解难度，更快入手。

罗美宝出生在马来西亚，妈妈在吉隆坡开了一家小发廊。发廊以后会留给大姐，最受宠的小弟则要努力读书出人头地。作为家里的老二，罗美宝从小就不被父母重视。5岁那年，暴躁的父亲酗酒越来越严重，母亲无力负担，只好把美宝送出去寄养。

直到15岁，罗美宝才回来和家人一起生活。多年的寄养生活让她成为一个独立且有主见的女孩，虽然妈妈只是让她在发廊当杂工，但罗美宝对理发的兴趣与天赋显然超过了大姐，并且从小开始，她的志愿就是一名美发师。

这个理想显然有点艰难，妈妈根本不重视教导她技巧，并且小发廊的工作离"美发大师"实在很远，最重要的是20世纪80年代的马来西亚根本不预备这种环境。

罗美宝想要实现理想，第一步就是离开马来西亚。19岁的时候，她来到了时尚之都纽约。下一步就是站稳脚跟，罗美宝必须打工养活自己，同时一边打听着，哪里可以接受系统的美发教育。

接着，罗美宝知道了"沙宣"，这个美发机构在行业内有过硬的品牌。无奈学费实在太昂贵，她只得先进入沙宣打工，帮客人洗头，经常洗得手都烂了，即使这样，她还是争取每周半天的学习时间。

这一步她又走对了，虽然付出了巨大的艰辛，两年后美宝在毕业展示上做了九款新的发型创意，不仅线条简洁，并且容易护理。之后罗美宝渐渐名声在外，28岁那年，她成为了沙宣纽约的艺术总监。

从不受宠的寄养小孩，成长为国际的美发大师，罗美宝并不是一蹴而就的。出生在一个马来西亚的小发廊里，先是离家，然后立足纽约，接着进入沙宣，再学成毕业，接着扬名立万，成为艺术总监，从易到难，中间有努力有拼搏，她的背景不算太好，就凭着一段一段往前走，终于实现了心中的理想。

大学生初出茅庐，就是要学着做好短期规划，先把眼前的路走好。值得注意的是，把计划做成一大块，往往有前期考虑不周的现象，如果因为没有将目标细分成短期，一遇到突发情况，就会陷于被动的局面，甚至因为一个小问题，让计划全盘崩溃。先有短期目标，一项达成了，就可以根据时势变化，及时调整下一个短期目标。

从这一点可以看出，短期目标可以让人保持清醒。哈佛大学做过一项调查，内容是学生的个人目标设定。30年后回访这些调查对象，完全没有目标的占30%，这些人一般生活在社会最底层；目标不清晰的占60%，这些人生活在社会中下层，每天疲于奔命只为了生存；只有10%的人有清晰的短期目标，这些人往往进入了社会中上层，短期目标结合长远规划，其中一部分人成为了精英领袖。

人一生有很多计划，但是不好好设计，计划只是纸上谈兵，生活还是碌碌无为，奋斗依旧杂乱无章。短期目标就是把梦想细分成小块，这样的精确设计，实现起来会更加完善。这种阶梯式的目标可以随时调整，以足够的准确度规避风险，赢得全面的成功。有两种人的做法不可取，一种是行动派，从不订立具体的目标，想到了就去做；一种是思想派，总有成功的愿望，却不落实在眼前去做。前一种人没有短期目标，总觉得凡事不值得浪费时间，稍遇困难，往往中途放弃，或者走歪了，于是找另一条路从头再来，一辈子都在忙，又忙不出什么结果；后一种人更糟糕，意识老是转化不了行动，愿望很好，就是没办法开始。

毕业来临，准备一个人生笔记本，写下第一个短期目标，时间可以是3个月，也可以是一年，把执行的要点排列出来。这个方法很有针对性，多数人一上大学，在一年级就开始目标缺失，偶尔有学习任务，也只是被动去完成，自主自发自动的目标越来越少。现在你应该从毕业后的第一个短期目标，慢慢习惯这种规划方式。这样可以对处于懒散状态的你，起到一个督促作用，让你毕业后尽快投入状态，消除恐惧感。

心态升级，不盲目悲观

毕业以后不恐慌，有一个关键点在于，毕业前夕做好心里预设，不要等问题产生了，才发现自己脆弱得不堪一击。

媒体上展现的大学生的毕业现状似乎非常严酷，而很多大学生认为自己四年下来，好像又学无所长，思考自己的前途，感觉到非常迷茫，还没上战场就已经输了。

在巨大的就业压力下，很多人都在被动承受，导致毕业后很长一段时间，都摆脱不了一种惶惶不可终日的状态。在这种状态下，什么拼搏、什么目标，似乎都很难让人振奋。

不要把自己看低了。实际上，有时候媒体为了博人眼球，总会夸张渲染一些，所以毕业前做好该做的事，不要让这种担心干扰了正经事，比如收集信息、找工作、投简历。如果本身的个性就比较悲观，更要学着敞开心胸，积极主动地面对问题。

年轻人要明白的一点是，任何人在面对陌生的环境时都很难得心应手，必定有一个适应的过程，刚开始就做得好是天赋是能力，做得不好就是在积累经验。所以毕业后无论要去干什么，就业、创业或者继续深造，遇到问题就解决问题，千万不要以消极的态度逃避，注意总结经验，这就是人生历练。

面临毕业的健康心理，应该是感觉精力充沛，人生开始一个新的起点，而不是整天唉声叹气，该做的事不做，好像世界末日快到了。从这样的观念中，就可以看出一个人的未来，还没毕业就一副逃避的态度，真正进入社会，岂不是每天抱怨人生？打个简单的比方，假如有着这种心态的人进入企业工作，作为员工能做得好什么事？一些琐屑的工作问题就能让他精神崩溃。

毕业时人总应有很多计划，这会让人无论是生理还是心理都非常疲惫。这时，有的人遇到小小的挫折就会感觉非常自责，对自己逐渐丧失信心。挫折无法避免，无论是就业、创业这种大的人生课题，还是生活婚恋这类家常事，本来就不会一帆风顺。人要慢慢成熟，学着依靠自己的内心，内心强大的人，只要活着永远都有新的机会，焦虑阻碍进步，如果能在出发之前做好心理预设，这时候就能尽快调整心态，鼓足干劲，开始新的尝试。

我有个同乡，年轻的时候打过一阵交道，在当时的一群朋友中，他的条件算好的，但我感觉这个人总有担不完的心，很难看到他开怀大笑的样子。最近在街上遇到他，十几年没见，看起来比同龄人老了很多，问起近况，他还是和以前一样，三句话就叹一口气，言谈之间对人生有说不尽的后悔——如果那时候心胸开阔一点就好了。我说那你现在也可以从头开始，他却表示现在老了，比年轻时的机会还少，就这样活着吧。

人的个性真是根深蒂固，消极这种心态就像毒品，一旦沾上了就很难戒，这位同乡被现实狠狠教训一次，却还是不思改变，难以扭转。

年轻的时候精力旺盛，可以鲁莽一点，不找任何借口，入社会奋力拼杀，吸取养料，而不是不停地否定自己，这也不能做，那也不能做，这种悲观会毒害灵魂。

反观我的另一个朋友，当年也是在那个圈子里，相比我的同乡，他就真的是一穷二白，家里环境不好，学历也不高，但这个人天生就有一股拼劲，为人又开朗洒脱，总在聚会时把大家逗得哈哈大笑。这么多年了，拼搏过，有成功，也有一败涂地，从没看过他有过绝望，今天消沉一个晚上，明天又是笑对人生，创业失败了，就去帮人打工，一直升到高薪厚职，最近又在盘算着重新开创事业。

消极的人消耗人生，乐观的人创造人生。在毕业前夕，选择为心态升级，等于选择了希望。失败总是伴随着消极，挫折最害怕悲观，随之而来的是自卑、躁郁、拖延、躲避，久而久之，人只会痛苦地成为一个受害者，却不反省自己是这些情绪的制造者。如果毕业前能认识到这些问题，并且能够清醒地思考，就是心态好转的表现。如果你还在无心恋战，谁来拯救你？

年轻人应该完全放下自己，对自己一步一步规划，不要杞人忧天，前怕狼后怕虎，不断地学习，要知道知识和技能才能永远属于自己。虽然社会很残酷，成年人的责任太重，可能会感觉喘不过气来。在痛苦和迷茫的时候，给自己设一个底线，到那个底线时，就要猛力反弹，产生比之前更强的力量。保持激情活力，主要取决于一个人的心态，当心态的健康程度达标时，积极的情绪才是持久的，才能杜绝包括悲观在内的一切心理疾病。

现在很多学校都有心理教室，毕业的时候是最忙的，懂得向专业人士寻求帮助，这样的同学已经在进步了。因为即将要步入的社会，是和校园完全不同的环境，没人迁就你，无论之前你的个性有多么怪异，抗压能力有多弱，对挫折的承受能力有多差，都不要将自己边缘化，只能调整心态，让自己努力适应。

了解自己的优势和劣势

世界上最具权威的调查公司美国盖洛普公司，曾经进行过这样的一个调查。调查的范围涉及全球63个国家、101家企业，还有一百七十多万名员工。他们调查的对象主要是针对各行各业的卓越人士。公司对这些人在职场上的卓越表现进行了深入的研究，结果发现，他们之所以能够在职场上取得骄人的成绩，并非是由于过人的天赋，而是因为懂得如何恰到好处地发挥出自己的优势。

确实，我们大部分都是普通人。俗话说，尺有所短，寸有所长。每个人都有自己的长处和短处。大学生们刚毕业的时候，如果找不到适合自己长处的工作单位，就不能在职场上发挥出最大的效力，这是一件多么可悲的事情啊！因此，"现在，发挥你的优势"已经成为众多世界著名企业和职场精英的一个响亮的口号。

要想将来在职场上发挥优势，首先要了解自己的优势在哪里，与此同时，还要巧妙地避开自己的劣势。上文中我们提到的盖洛普公司，其董事长盖洛普曾经这样强调过："我认为自己也算是一个成功的人。因为我发挥了自己的优势，不过，我觉得自己的优势还没有发挥到极致。优势的发挥是一个终生的过程，并不是在某些年里就发挥完了。时间会向前推移，每个人的经历也会不断增多，在这个过程中，我们完全可以发挥出更多的能量。而眼前我们要做的，就是每天思考自己的优势如何才能更好地得到发挥。"由此可见，发现优势并利用优势，是一个长期坚持不懈的过程。如果我们从大学一毕业就养成这种习惯，这对将来一生的影响都是极其重要的。

现在，每年都会有六百多万刚毕业的大学生，他们常常会对前途感到无比困惑和恐惧。有的大学生一走出校门，就带着一脸的困惑，我将来怎么办？我最应该从事的职业是什么？如果能很好地了解自己的优势并加以利用，这个问题便可以轻松解决。

人的优势与智能类型密切相关。要想了解自己的优势，就要先判断自己属于什么样的智能类型。举个例子来讲，乔丹和姚明，大家并不陌生吧，他们都是篮球健将。当我们看到他们的第一眼，印象最深的应该是两个人的身高。他们在身体上的优势让我们望尘莫及，可以说，这些优势为他们所从事的职业提供了良好的基础条件。但是从另外一个角度来讲，他们的嗓音和声带条件一般，如果让他们去唱歌的话，肯定很难出人头地。可以说，这是他们的劣势。

让我们再来看看著名的歌唱家李谷一，她的嗓音甜润，可以唱出许多动听的歌曲。可如果让李谷一去打篮球的话，大家都会认为这是一个玩笑！

提到华罗庚大家并不陌生，他在数学方面具有超高的智商。可当年他在小卖铺里帮父亲做生意的时候，表现并不理想，可以说数学方面他具有优势，而经商方面却具有劣势。

著名的作家三毛，虽然文章写得精彩，让无数读者倾倒，可是她在数学方面却一窍不通，上小学的时候，总是考试不及格。因此，她的写作是优势，逻辑运算能力却是劣势。

这样的例子还有很多很多。我们身边的人就是如此，有的大学生善于经商，却对文学艺术创作知之甚少；还有的大学生性格内向，不善与人打交道，却有着极高的知识素养，可以涉及到研究领域……可以说，没有一个人是样样精通，无所不能，所谓的杰出人物，只不过是善于利用自己的优势，摒弃自己的弱势而已。

如果明白了这些，大学毕业之后，面对众多的选择，你将不会再感到迷惘。

我们不妨先从各个方面分析自己，比如说学历证书、家庭背景、言行个性等。

在相亲节目《非诚勿扰》中，有一位男嘉宾由于喜欢旅游，在外语方面又具有特长，于是报名参加了导游班的训练，并成功拿到了相关的资格证书。他大学一毕业，便加入了导游的行列中去，不仅为自己赚到了足够的钱在北京买房买车，还饱览了世界各地的优美风光。作为刚毕业几年的大学生，他的经历让人神往。可以说，他的成功源于优势的极致发挥。

还有的大学生一毕业就加入了家族企业，这也是他们对自己优势的利用。

也有的大学生性格外向开朗，善于交际，他们便利用自己的优势做起与人际关系相关的工作，让自己的优势得到充分发挥。

可能有的人会认为，我什么优势也没有，身上全是劣势。这样的想法是不对的。这个世界上完全没有优势的人是不存在的，每个人都以不同的方式、不同的程度组合出了不同的优势，如果你认为自己没有优势，只不过是因为你没有发现自己的优势在哪里的缘故。每个人都有自己的特色。因此，世界上并不存在谁聪明、谁不聪明的问题，而存在在哪一方面聪明以及如何聪明的问题。学校里没有"差生"存在，每一个"差生"有可能是另一方面的天才。同样，刚毕业的大学生也并不是社会上的弱势群体，也许我们会在工作经验上有所欠缺，但是我们却是最富于活力与朝气，最富有希望的群体。毕业之后，我们可以认真分析自己的优势与劣势在哪里，多几分自信，多几分勇气，根据自己的学习风格、智力因素、思想水平等种种个体差异，综合做出分析。你会发现，原来了解自己的优势和劣势，扬其所长，避其所短，是通向成功的必经之路。

分析手头的"关系资源"

我们在日常生活中,往往会听身边的人向自己介绍说"这是我的朋友",或者说"我和那个人很熟"。每当这个时候,可能有的人就会感叹,自己刚刚大学毕业,在社会关系方面没有任何背景,处于一穷二白的时期。其实,这样的想法过于绝对。在我们身边,存在着许许多多的"关系资源"。有的人认为利用关系是一件丢脸的事。实际上,利用和分析手头的"关系资源"并非不可以。相反,没有哪一个时代比现在更加重视人脉资源的培育和拓展。人们对人际关系的建立和维护,已经越来越重视了。

有的人感叹自己毕业前没有人脉关系,实质上是由于片面认识造成的。也许你并没意识到,人脉的关系从我们一出生就开始建立了。试想一下,我们身边的亲戚,还有我们上大学之后所结识的同学、朋友、老师等等,这些都是我们可以利用的人际关系。当我们大学毕业走向社会,还会接触更多的人,见识各种各样的人脉圈子。这些圈子不是天然形成的,更不是一朝一夕可以得到的,而是需要自己动脑筋去培养、去寻找的。

凡是刚步入社会的新人,没有谁不盼着自己有朝一日能一飞冲天,成为一个"叱咤江湖"的高手。于是,有的人会在大学毕业之后抱怨,"我的老爸不是著名企业家"、"我家亲戚中没有一个当老板的"、"我不认识那些有权有势的人"……这些想法,乍一听似乎有几分道理,可实际上,这样想并不符合生活的逻辑。

没有谁会一生下来就具有强大的社会关系网。即便你出身于豪门世家,可是要想让自己继承的家族企业维持下去,也是需要开拓和挖掘"关系资源"的。

那么,我们如何开拓自己的关系网呢?不妨从自己的身边做起。比如说,我们对自己身边的人不妨热情一些,与他们保持良好的人际关系,因为说不定哪一天,我们就有可能会需要他们的帮助。肖雪就碰到类似的事情。她在大学毕业前,曾去参加一个招聘会,结果在人才市场遇到了一位哈尔滨那边口音的老乡。她立刻主动上前说话,对方恰好是个性格爽朗的人,一来二去,两个人就成了朋友。后来,肖雪从大学毕业后,这位朋友得知她在找工作,便热心地帮忙。刚好他所就职的公司人事部门缺人,他把这个消息告诉了肖雪,并带她去面试,结果肖雪顺利地得到了一份好工作。

试想一下,如果当初肖雪不是有意地去结识这位同乡,恐怕也不会这么幸运吧？因此，我们在平时要多注意观察，同时学会与人为善，友好驾驭自己与身边这些人的关系。这些关系就是像一张大网，终有一天，我们就会像蜘蛛那样从网上收获自己的"猎物"，说不定，还会有大的惊喜呢！

我们在大学毕业之前，不妨在见到亲朋好友的时候适当聊几句关于找工作的事情。也许大家不会立刻就帮你推荐一份好的工作，但是以后也许会有这样的机会。至少，有的人会给我们一些良好的建议。这些建议我们也要仔细考虑，说不定会让我们大学毕业后找工作的过程中少走很多的弯路。

此外，也有一些亲戚或者朋友会为我们提供一些招聘信息，甚至面试的机会。而这些远远比我们自己从招聘会上找到的信息要迅捷有效得多，还会避免上当受骗。因此，我们一定要珍惜。

有位从农村来的大学生在快毕业的时候，一心想留在省城发展，不愿再回到老家去上班。而就在这时，他在回老家的长途车上碰到了自己的一个中学同学。在交谈中，对方告诉他县医院正在招聘，让他去试试。

原本，他对这个消息不感兴趣。可是接下来的日子，他在应聘的过程中频频遭遇打击，最后，他抱着姑且一试的念头回到了老家的县城，参加招聘考试。由于他是当地的人，县医院的院长很重视，在得知他的面试成绩合格之后，立刻委以重任。院长半开玩笑地说："你这么热爱自己的家乡，愿意回来上班，前途不可限量啊！"

后来，由于他在当地有着良好的人际关系网络，村里的亲戚朋友们上县医院来看病，都愿意找他帮忙。一来二去，他竟成了十里八乡的名人。再加上他一口当地的口音，很快和同事、患者们建立了良好的人际关系。现在，他已经成为了科室的带头人，真正地实现了"前途不可限量"。

当然，我并不是支持大家都回自己的老家发展，或者劝大家只在自己的熟人圈子里有所作为，而是说如果大学毕业之前我们本身就不成熟，若能借助身边的人际关系资源，又何乐而不为呢？

在大学毕业前，有的人会想凭一腔激情"单枪匹马闯江湖"。有这样的勇气固然好，可俗话说得好："近水楼台先得月。"这些手头的关系资源，其实就是我们的"近水楼台"啊！既然这样，我们又为什么不去挖掘利用呢？纵使我们能力有限，但是如果懂得利用这些人际资源，无疑给自己搭建了一个良好的寻找工作的平台。

给自己一些压力"测试"

现在，就业已经成为当代大学生走出校门必迈的一道门槛。它就像一道复杂、严肃的特殊试题。那么，在现实生活中，大学生缺乏"抗压"能力，会出现哪些反应呢？有的大学生会因为心理压力大而"怯场"，因严肃而"缺氧"。一些大学生"毕业就失业"，当起了"啃老族"……分析产生这种现象的原因，主要是大学生缺乏必要的"抗压"锻炼。因为缺乏抗压锻炼，有可能会导致自己面临挑战的时候缺乏足够的勇气，而且会因此而产生更大的惰性。

现在，有很多的用人单位在招聘的时候，经常会提出很多让应聘者感到压力很大的问题。事实上，他们这样做并不是非要对应聘者施加压力，而是需要从应聘者的回答中提炼出信息来，从而得出正确的判断。有的大学生由于在上学的时候抱着轻松的心态，因此在回答这类问题的时候，往往没有足够的心理准备。这样一来，往往会导致表现不够出色。在招聘人员看来，很容易产生应聘者不负责任的印象，直接导致了用人公司将应聘者拒之门外。因此，大学生在找工作之前，不妨积极寻找机会锻炼自己，如能提前进行心理压力锻炼，那么你已在无形中积累了一笔庞大的财富，它们将协助推动你今后的事业。

曾听有的大学生说，我一听到大学毕业后要与那么多的人一起抢工作，参加到激烈的职场竞争中去，我立刻会感到大脑瞬间空白，甚至束手无策。认真分析一下不难发现，其实这些问题主要是心态在作怪。

从心理学的角度来讲，"压力"对我们的人生而言非常重要。它就像是一种可以诱导我们产生"抗压免疫力"的细菌，让我们先尝到一点儿苦头，然后，自己的精神会因此而产生巨大的力量，从而让自己的"抗压能力"变得更强。

此外，压力对我们的人生而言还具有非常大的促进作用。大家知道，凡事都有解决的顺序、思路和办法。通过不断地对抗压力，我们会在"实际斗争中"获得经验和方法，我们的人生经历会变得更加丰富，我们的生存能力也会大大得到提高。通过与压力的对抗，我们的心态就会摆正，态度也会变得积极，这样一来，才会有更强大的能力去面对那些刁钻多变的场景，自己的心理障碍也会在无形中消失，也许当初认为棘手的问题，也会迎刃而解。

在大学毕业之前，有的大学生会产生担忧的心理。心想，自己刚刚走出校门参加工作，而周围的同事却个个经验丰富，在这样的状态下，自己能不自卑吗？

有这样的心理是很正常的。的确，在走出校门参加工作前，确实需要一个缓冲期。那么，我们如何在这个缓冲期里做好准备，给自己一些压力"测试"呢？

林凯在大学毕业的前半年，就已经开始着手进行"压力测试"了。他认为自己学的程序设计专业应用性很强，如果对知识掌握娴熟的话，甚至可以直接用在工作之中。在学习之余，他从网上接了几单程序设计的工作，然后给自己制订了严格的"压力工作计划"。他要求自己必须像一个熟练的公司员工一样，在规定的时间内完成指定的工作内容。在当时看来，这些工作内容就算是一些正式的公司员工，完成起来都是有难度的。可是林凯却给自己提出了同样严格的要求。

那段时间，林凯每天晚上上完课回到宿舍，都要熬夜做到很晚。同宿舍的学生感到不理解："你这么拼命做什么？家里又不缺你那点儿钱。再者说，我们现在还没有毕业，没有必要那么拼命吧？"

林凯笑着回答说："我想提前给自己一些压力，让自己先尝试一下给别人工作的滋味。这样一来，当我真正地进入公司工作的时候就不会感到恐慌了。"

几个月过去了，林凯终于保质保量地完成了工作，通过了自己给自己制订的"压力测试"。

后来，林凯大学毕业后寻找工作，在接受求职考试的过程中，一直保持很平和的心态和自信的态度，表现得非常出色，并因此而受到用人单位的青睐。

无疑，他的成功与自己先前的"压力测试"锻炼密切相关。

林凯在大学毕业之前，在做兼职的过程中，实施了一种模拟工作生活的"压力测试"。他在意识中已经认为自己是一名正式的职工了。从身心到行动，他都在潜移默化中认可了这种"工作的状态"。当他全身心地投入工作时，工作技能和工作能力都得到了迅速的提升，就如同在参战前进行的模拟军事训练一样，大大增强了"作战"能力。

有很多的大学生在毕业后找工作的时候往往遭遇失败。这主要是因为他们对自己的能力缺乏正确的认知。有的人更是知难而退，甚至连去挑战的勇气都没有。如果能提前进行心理方面的耐压训练，将来进入社会，情况就会好很多。

千万不要小看这些"压力测试"，我们上大学的目的不是为了那张文凭，而是切实地去学习一种能力。这种能力会在我们大学毕业之后运用到工作中去，帮助我们积极地汲取新的知识。

具体来讲，我们进行压力测试的时候，不妨着重锻炼自己的以下几个方面：首先是核心能力，主要包括思维能力、专业知识、适应能力、个人意志力等，这些能力构成了毕业生竞争力的核心部分，我们只有着重培养以上几种能力，才会让自己在大学毕业后攒到足够的就业资本。

其次，我们还要锻炼自己开阔的眼界，提升自己的心理素质，以便有足够的耐力来接受"压力测试"。在校园里，我们接触的是单调的师生关系，同学关系等等，但是一走向社会，我们所接触的范围就会很广，这些分布在各行各业的人，构成了复杂的社会关系网。如果没有长远的眼光，没有过硬的心理素质，很容易给自己造成人际交往的困扰。要知道，上学和上班是两回事。很多学生时代的习惯、与人相处的模式、生活理念都与社会不兼容。一位优秀的大学生，毕竟只是学生，比起在职场摸爬滚打数年的人才，自然有差距。但是也要知道，我们也有青春、有热情、有创新意识、有不服输的个性，这些都有利于我们顺利通过"压力测试"，能帮助我们迅速成长，进而达到自己的理想。

了解基本的人事制度

每个企业、单位都会有自己的一套完整的规章制度。《孙子兵法》中提到，要规定明确的法律条文，用严格的训练整顿军队，士兵才能严格地执行命令。现在的企业都面临着严峻的竞争，其残酷程度不亚于战场上的拼杀，因此，企业一定会采用有效的手段来保证规章制度得以贯彻落实。我们上班之后，必须要遵守这些人事制度。此外，如果我们能提前了解了人事的基本制度，也就提前了解了自己上升的渠道，更加有利于我们制定长远的职场规划。

在进入职场之前，我们有必要了解一下基本的人事制度，从而有利于将来更加迅速地转换自己的角色。可以说，你了解得越多，你的转化过程就会越快，适应性也会越强，在职场上取得成功的几率也就越高。

有很多刚入职场的毕业生会主动或者被动地适应工作环境，而且在短期内达到用人单位的标准，养成严谨的职业习惯。其中包括行事风格、做事习惯、行为准则和思考方式等等。这些人往往会在职场迅速胜出，获得升迁。我们在羡慕他们的同时，也应该思考一下，为什么他们会如此出色？显然，未雨绸缪是他们必备的功课。而了解基本的人事制度，则是这项基本功课中极为重要的一项。

形象地来讲，提前了解公司的人事制度，是我们进入职场前的"热身运动"。只有先了解了公司的基本人事制度，才能更好地处理职场人际关系，才能有明确的为之奋斗的目标。

没有谁会喜欢一辈子待在一个岗位上，谁都会有上进心，每个人都想得到职位的升迁。从某种角度来讲，职位晋升也是领导较为有效的激励方法。如果我们事先连人事制度都不了解，就大谈特谈升职加薪，岂不是非常可笑？

大家知道，在赛场上，对运动员而言有优胜劣汰的规则；在大森林里，对那些小动物们而言有弱肉强食的规则；同理，在职场上，也有各种各样的人事聘用规则。了解基本的人事制度，更有利于我们了解这些规则。

　　杨华希望自己大学毕业后能进入知名的外企工作。于是，他通过各种渠道来搜集这些外企的资料，准确把握和吃透了公司的人事考核制度。在这个学习的过程中，他发现，这些外企每年都会制定新的招聘计划。在了解这些招聘事宜的同时，他为自己大学毕业后的应聘方案做出了详细的规划。

　　就这样，当大学毕业的时候，别的同学漫无目的地在人才市场散发自己的个人简历时，杨华早就有目的、有计划地把自己具有不同特色的简历发往各大著名外企公司了。每个公司都有自己独特的企业文化，他们在招聘的过程中，所侧重的人才特点也各不相同。杨华早就提前做好了准备工作。比如说，某外企希望招收的新员工富有合作精神，他就会在简历中相应地突出这一点；有的外企业希望招收有创新能力的新员工，他就会把表现自己创新能力的实习经历详细地在简历中描述出来……

　　就这样，杨华很快地就接到了用人单位的面试通知，并且在短短的一个月内入职，成功地获得了自己想要的工作。

　　我们也不妨向杨华那样，在大学毕业前锁定自己的求职目标，然后有系统、有针对性地去了解那些公司的基本人事制度，搞清楚他们什么时候、什么情况下会组织人才招聘；在招聘的过程中，会更加器重哪一类的人才……这样一来，你在求职的时候岂不是事半功倍？

　　张平在大学毕业前，也开始提前了解公司的基本人事制度，不过，她更对人事制度中的晋升机制更为感兴趣。有一次，她了解到，某家公司通常会在杰出的营销员中选择优秀的人才加以提拔和重用。而且那家公司的中层管理人员中，有半数以上都在营销岗位锻炼过。于是，张平就下定了决心，在大学毕业之后，她没有进入薪水较高的文员职位，而是去应聘了该公司的营销员。后来，经过激烈的职场竞争，她终于在公司站稳了脚跟，并且如愿以偿地获得了升迁。

　　每家企业都有自己的特色，他们的人事制度也不尽相同。我们要了解的话，只能从最基本的人事制度开始。

　　首先，我们不妨先适当地学习和研究人事制度的晋升格局，这样做非常有助于我们摸准公司的考核规则和竞争命脉，这是非常必要的。举例来讲，如果你想进入公司工作一段时间后得到晋升，就可以事先了解，这家公司具有什么样的晋升制度，是选举晋升、学历晋升、交叉晋升，还是超越晋升呢？

　　其次，我们必须了解自己的职责范围所在。因为对企业而言，人事管理制度是其用人治事的行动准则,也是办事规程和管理体制的总和。从我们自身来讲,人事基本制度关系着自己的成长和切身利益。在人事制度中,会注明员工的职责范围,也会注明公司员工的权益,我们了解了这些,就可以避免自己触犯公司的规定,同时也可以有效地保障自己的权益。

如果了解到这些,你的努力才会有成效,你的目标才会更加明确。所谓"知己知彼,百战百胜"。虽然了解别人并不一定必胜,但是你至少由此知道,需要拥有什么条件才能获得晋升,从而为了一次晋升机会做好准备,打下基础,这样一来,才有可能在大学毕业后获得更深远的发展。

收集各路信息,寻找机会

大学毕业之前,可能有很多的人采取跟风的态度。比如说,当他们听说某一个行业很热门,就赶着在业余时间去学这个专业,其实,这样做是不理智的。大学毕业之前,我们应该保持头脑清醒,杜绝盲目跟风。我们不妨把自身的就业与市场的需求联系起来。试想一下,如果自己所从事的行业人才济济,那么当我们想占有一席之地的时候,就要适当地放低自己的需求,以退为进,从而获得一份适当的工作。如果自己是行业的紧缺人才,那么不妨重视自己的价值,至少要找到一份合适的薪水。俗话说得好,"择良木而栖"。好工作就是自己的"良木",这样的工作才有前途。

当今社会属于一个高速发展的信息时代。可以说在我们的日常生活中,获取信息的观念渗入到了日常生活的每一个环节,而大学生毕业后进行择业、就业就更是如此。

众所周知,一个人的信息占有越充分,就越能更好地评估自己的能力。同理,我们对某项工作的信息量了解得越多,就会越容易判断自己能否适应某项工作,与此同时,也就越能够了解某项工作的价值和发展空间,甚至我们可以根据这一点来制订自己的职业轨迹,从而让自己在就业过程中节省精力和时间,少走弯路。

我们所做的最基本的一项,应该从职业调查开始。因为只有充分了解了各行各业的特点,才能确定我们寻找职业的标准和方向。我们在大学里学习的时候,每个人都会有自己的专业。专业不同,就业的范围也不同,俗话说得好,隔行如隔山。如果我们想让自己在毕业之后找工作更容易一些,不妨先挑专业对口的工作。因为这样可以让我们在应聘者中占有绝对的优势。

一个专业对应哪些相应的职业，我们不妨深入地进行调查。在现实生活中，有的大学毕业生还没有毕业，就把眼光投向了一些高薪职业。可他们也许并没有想过这些职业是否适合自己。比如说 IT 产业从业人员拥有人人羡慕的高薪，但是这些职业我们能胜任吗？如果与自己的专业不对口，而且自己也没有相应的技能，显然这种工作不在我们选择的范围之内。

还有一些工作并非我们的兴趣所在。比如说，有的大学生比较重视生活质量，希望自己将来步入社会之后，可以有充足的休闲时间。大学生费鸣就是如此。他一心想成为记者，可是大学毕业后真的当上记者才知道，这份职业属于高强度的工作，经常会赶稿到凌晨。有的时候，他晚上没有时间休息，第二天还要立刻起身，等待被采访人的出现。费鸣的身体不好，却经受如此高强度的工作，很快便适应不了，不得不中途退出。这份工作既浪费了他的时间，又透支了他的精力和体力，真是得不偿失。

苏建风的遭遇也很让人同情。他梦想着进入一家效益好、福利好的公司，可是当他得到这样一份工作之后却发现，那种高压下的工作环境并不是他想要的，公司根本不给他施展才华的平台。

从上述事例中我们可以看出，大学毕业生在找工作的时候，往往容易被职业外表的光环所吸引，从而忽略了其中的艰辛，当他们真正地走上工作岗位的时候，也许才会发现，这份工作并不是真正地适合自己，或者自己根本不能胜任。此时才后悔，已经晚了。也许还会因此而错失一些机会。因此，大学生在毕业之前，不妨先了解一下，搜集大量的信息之后再做出判断。就算是不能体会一份职业的具体工作感受，那至少可以做出符合自己兴趣和能力的决定。

那么，在大学毕业之前，我们如何收集各种信息呢？

我们不妨先确定真正的工作目标。这样做既是为自己负责，也是为了将来的工作负责。大家知道，这个社会的需求每时每刻都在发生变化，不同的薪水会有不同的差距，不同的职业也会在不同的领域里显出不同的重要性。同样的人，在冷门行业和热门行业，也会享受到不同的待遇，在不同的公司里会受到不同的任用……就业市场的供求关系千变万化，同时又有着一定的规律可以遵循。我们不妨摸清这些规律，从而做出更加明智的决定。

有一些大型公司的高层管理人员曾出现供不应求的现象，于是，很多的大学里这种专业都在扩招，一些 MBA 培训班更是逐年升温。可是，当这种现象持续很多年之后，可以预计，这些学生的出路会越来越难。而一些不太引人注目的专业，比如说西班牙语、俄语等语种，由于人才稀缺，薪水很高。

吴敏就是由于早早搜集到了这一信息，开始在业余时间自学外语。很快，她在大学毕业后找到了一份翻译的工作，拿到了令人羡慕的高薪。回忆起当初寻找工作的经历，她感叹道，幸亏提前搜集到了相关的就业信息，这些信息就是自己找到好工作的利器。

与此同时，我们在搜集信息的时候，还要加以鉴别真伪，不要因为种种错误的判断而掉入招聘陷阱中。大学生社会经验不足，被蒙骗、被损害的事情时有发生，因此，我们在搜集信息的时候，要通过横向的比较来估计出企业会给出的大致薪酬和条件。这样一来，才可以更好地维护自己的利益，不致被陷阱所迷惑。

第二章

走出校园，思维要一起毕业

学生生涯和社会人所处的环境不同，想问题的方式也有所转变，不能用校园那一套来应对社会。从这个方面看，成熟不以毕业证书来鉴定。一些幼稚的错误理念不改变，难免会遭遇挫折，这也是一些人毕业后越走越不顺的原因。

本章导读

◉别在等待中挥霍光阴

◉做事要分轻重缓急

◉敢于拒绝,善于拒绝

◉用"代入法"想问题

◉宁弯不折才是英雄

◉为学历自卑很愚蠢

◉不要过于愤世嫉俗

◉梦想切忌虚浮

别在等待中挥霍光阴

我们在大学校园里学习的时候，往往是由学校来给我们安排课程，学习哪些内容都是需要我们被动服从的。于是，有的大学生便在这个过程中养成了一种被动的思维模式。甚至这种思维模式被他们带入了职场生涯当中，这样一来，往往会被别人视为幼稚。

有的大学生在参加工作之后，往往喜欢被动地接受别人的安排。在工作中，也往往选择等待，就这样，他们在等待中就会挥霍掉光阴，当自己醒悟的时候，年华已逝，悔之晚矣。

我们从大学毕业之后，首先要做的第一件事情就是找工作。毕业生找工作，不能消极地等待，更不能总是依赖他人。在找工作的每一个过程中，我们都要尽量选择亲力亲为，这样才能牢牢地把握住自己的未来。有的大学毕业生喜欢依赖父母，毕业后等在家中，等着父母东奔西走地为自己找工作，这样的行为不值得提倡。

找工作的事情不能等待，我们应该积极出动，尝试用各种各样的办法为自己谋得一份合适的工作。同样，参加工作之后，更不能选择在等待中耗费光阴。当今社会中，有的人总是眼巴巴地盼望着幸运女神光顾自己。可是他们等了好多年，可能依旧没有等到机会。而那些富于智慧的人则深深地懂得，机遇总是个人创造的，没有什么救世主会帮助自己。所以，他们总是积极地做好各项准备，积极地去创造条件。当时机成熟的时候，他们自然会脱颖而出，从而步入成功之路。

工作的时候如果不努力，那么就只有努力找工作了。在工作的时候白白地浪费时间，不懂得提升自己，那有可能会面临着失业。而且在失业后，再也找不到工作了。有太多的人不懂得生活如逆水行舟，不进则退的道理，他们在工作岗位上混日子，得过且过，白白地耗费掉自己大好的年华，既没有赚到钱，也没有积累赚钱的技能和经验，这些人的人生之路往往暗淡无光。

大学毕业参加工作的最初几年是职场生涯中最关键的。不管你在大学里学习成绩多么好，头上有多少耀眼的光环，只要一走出学校，你就要重新开始。而且，在职场上，你都是别人眼中的新人。

大家都知道，只有做进取者，才能永远地站在队伍的最前列。有很多的人太容易沉溺于安逸的生活，这样的人容易满足，但是也更容易让自己停滞不前。

吕钦大学毕业之后，进入一家五星级酒店当营养师。在很多的人看来，他足够幸运。可是他却并没有放弃学习。在业余时间里，他不断地学习，提高自己的专业技能，最终成功地被一所大学聘为营养顾问，实现了人生的第二次飞跃。如果他当初选择的是安稳过日子，在工作中耗费自己的光阴，绝对不可能获得今天这样的成就。

而吕钦的大学同学苗佳毕业后进入一家大公司当了前台的招待员。她的工作主要内容就是接待来访者、接听电话，有时候会帮别人传递一些信件。表面上看来，工作很轻松，可实质上却没有什么技术含量。苗佳并没有意识到这一点，每天就这样懒散地打发时间，很快，几年过去了。当领导发现她的年龄已经不再适合当前台的时候，便把她调走了，不久，苗佳便离开了公司。当她想重新找一份工作的时候，却发现实在太难了。此时，她再后悔已经没有意义了。

苗佳的经历值得我们引以为戒，而吕钦的经历则值得我们学习。苗佳在被动地等待工作机会，得过且过，浪费时间，虚度光阴。而吕钦则主动出击，为自己赢得了一份很好的工作。因此，我们不妨从自身的实际情况出发，主动出击去寻找机会，而不是被动地等待机会。

在机遇面前，每个人都是平等的。如果我们像苗佳那样不懂得去努力，机会垂青的将是那些付出努力的人，比如上文中提到的吕钦。世界上那些杰出的人物，从来不会满足他们现有的位置。他们会不断地要求自己进步。有的人本身已经很优秀，可是他们会制定更高的生活目标，这些人不会在生活中消极地等待，他们会抓紧每一分钟，让自己的刻苦努力填满所有的时间。

大家都知道，当职场的竞争压力不断增大的时候，很多的公司都在不断地淘汰旧人，一些不适合继续留下来的员工会离开公司。而那些不思进取的人，往往会被列入淘汰之列。

在美国，有一位知名的歌手叫做麦当娜。她每年都会有一些新的专辑投放市场，而且还受到了很多歌迷的追捧。在音乐界，每年都有无数的新人崭露头角，麦当娜在这些新人中依旧是耀眼的一颗。她曾对记者说，如果我不努力，白白地浪费自己的人生，那么，很快我的唱片就会被那些新人的专辑淹没，从而在歌迷的眼中消失。在她看来，年龄的增长不是最让人害怕的，白白地浪费人生的光阴才是最悲哀的事情。

在等待中浪费自己的人生，无疑会对工作造成极大的负面影响。很多的员工悄无声息地离开自己喜欢的公司，失去自己的工作，就是因为太缺乏主动性和进取性。而很多的员工可以取得瞩目的成就，源于他们背后那些刻苦的努力，像老黄牛一样，踏踏实实地工作，才不致年华虚掷。

生活经不起等待。古语说得好，"花开堪折直须折，莫待无花空折枝。"趁着大学刚毕业，趁着年华正好，我们向着自己的目标努力吧，它不允许我们懈怠，也不会让我们满足，珍惜每一分钟，你会发现，成功就在前方不远处。

做事要分轻重缓急

有些大学毕业生在最初进入社会的时候，往往有些不适应。比如说，他们工作的时候，可能会不分白天黑夜地开始加班，有的时候，还会因为一项工作任务，忙忙碌碌地占用自己所有的时间。这样的人，往往很难有所成就，究其原因，主要是他们做事眉毛胡子一把抓，分不清主次轻重。用一句话来概括，那就是只会盲目地做事。

刘伯明就是这样的一个人。他最初的一份工作，是在公司做程序设计员。早上刚上班的时候，他就开始忙上了。从手头着急处理的程序设计任务，到三天后，甚至一周后的工作安排，他都觉得需要自己去处理。结果每天把自己累得要死要活的，总是打不起精神，工作却没有得到上司的认可。

他感到很委屈。他想，自己的工作强度如此之大，为什么领导就不满意呢？有一次，刘伯明专门找到领导请示这个问题，上司告诉他，特别紧急的需要处理的事情，刘伯明应该提前做出来，日常的工作事务可以放在第二重要的位置上，再接下来的时间，可以安排一下未来的规划，或者提前做好明天的准备工作。而不是像他现在这种样子，忙忙碌碌，却没有把关键的工作任务做好。

研究一下刘伯明的这种行为状态，就会发现，他都不知道自己应该做些什么，也不明白自己如何去做。当许多的工作头绪纠缠在一起的时候，可能他连去一次卫生间都觉得可惜。而那些把时间安排妥当的人，则可以不紧不慢，从容不迫地做好自己的工作。

要知道，每个人所拥有的资源是有限的，包括我们手边的时间和精力。为了达成我们的既定目标，我们就要详细地计划工作的先后顺序，清晰地掌握自己的工作进度。

我记得自己刚参加工作的时候，在库房里待过一段时间。我每天的工作任务，就是查清库房同各类货品的出入情况，同时做好登记表格上报。可是突然有一天，我们的科长来到库房，让我盘查某种型号的商品的库存情况，然后登记这批商品的生产日期、保质期，以及产地和进货的价格。如果我按往常的工作进度，先干完了日常的工作再做这项工作，时间上肯定是来不及了，到下班也不会完成任务的。

　　就在我为此事焦急的时候，一位老同事好心地提醒我说，你做事应该分清轻重缓急。这种商品的盘查科长急着要结果，所有手头上的事情先放一放，把这件事情做完了再说。闻听此言，我立刻照他的建议执行，把日常工作先放在一边，把这种商品进行了彻底盘查。当我将一份详细的表格交给科长的时候，他非常激动地说："年轻人，刚参加工作没几天，办事能力就这么强，我看好你哦！"

　　后来，科长还在大会上对我提出了表扬。我想，幸亏当时处理事情先急后缓，否则当科长来要表格，我还没有做出来，那种情况下该让人多着急啊！

　　做事分轻重缓急应该从明确对象开始做起。我们面对一堆的事情要做的时候，首先就要明确一下自己的目标。比如说，工作的重点和核心在哪儿，我们如何把握重点，这项工作的终极目标是什么，我们如何达到这一目标，在达到这个目标之前，我们应该做哪些事情，等等。一个人，如果在工作中不能确立自己的方向，往往会花费很多的时间和精力，却最终不会取得任何的成果。

　　当工作不顺利的时候，我们应该回头看看最初的起点，重新确定自己奋斗的方向。如果我们不能做到这一点，在工作过程中，就会迷失方向，甚至不断地否定自己原来的工作计划，改变工作的方向。这样一来，我们就会在花费了很多的时间和精力之后，最终却并没有取得任何的成果。可能有的人会说，在工作中，我们经常会出现这样或者那样的状况啊！这确实是现实生活中存在的问题。可是，这就要靠我们的把控能力了。如果调控不好的话，很容易迷失方向。

　　其次，我们要制定和明确自己做事的进程。在工作的时候，我们不妨大体制定一下下个月或者下一周，甚至下一天的工作进度表。我们每天的工作量是多少，主要工作是什么，对于这些心里应该有数。在这些工作中，哪些是急需处理的，哪些工作可以放放再说，这是我们必须要搞清楚的问题。这样一来，在工作的进程中，可以调整自己做事的节奏。

　　王安是一个业务员，他每天上班之后的第一件事情，就是给重要的客户打电话，他在客户的名单上都标上了颜色。比如说，红色是必须要联系的客户，黄色是次要的客户，绿色是可以近几天联系的客户。在进行有重点有步骤地分类之后，他再谈起业务来就会从容不迫。哪怕他临时接到一些重要的任务，都可以适当地做出安排。

　　王安这种行为值得我们学习。如果我们也按他的工作方法来执行，工作压力就会小很多。同时，也能让工作按照既定的轨道发展。否则，我们只能变成一个盲目工作的人。

　　人们在谈到著名的大发明家爱迪生的时候，总是羡慕他的头脑，羡慕他那些如同火花一样绽放的灵感。可是很少有人知道，他在进行科学试验的时候，是按照什么的逻辑去执行，又是按照什么的顺序去安排实验，哪些事是重点要做的，哪些事是可做可不做的。据他的助手说，爱迪生每次在做出发明设想前，总是会列出许多详细的计划单。当这个计划单的内容充实之后，他才会动手去通过不懈的努力实现它。也正因为他做事的有计划和有序性，才使得他在进行发明创造的时候，节约了大量的精力和时间，从而在短短的一生中发明出数量巨大的新产品。

这位大发明家的行为值得我们学习。我们应该像他那样，用制定的时间表来把握事件的进程。这样才能在最短的时间里获得最大的业绩。

事实上，做事分轻重缓急就相当于进行时间管理，这样的管理比业务管理要有效得多。我们可以先把精力集中在重要的事情之上，这样才是达到目标的必要因素。

在韩国，有很多的公司都有规定，在上午10点到12点之间，任何职员都不得接听电话。这个时间段，必须将全部的精力和时间投入到自己的工作上。因为在管理者看来，这段时间是员工精力最集中的时间，那些最重要和最有难度的工作，最好应该安排在这段时间来进行。因此，我们不妨把他们经验用在自己的身上。我们先做最重要，最有难度的工作，其他的工作留待后来的时间进行，这样一来，我们才能灵活地把握工作的"度"，做到高产高效，从容不迫。

敢于拒绝，善于拒绝

提到拒绝，其实这是一门艺术，在王家卫的电影里，有这样的一句经典台词："要想不被别人拒绝，你最好先拒绝别人。"这句话耐人寻味。其实，在现实生活中，无论是学习、工作或者是日常的生活，我们都要学会在适当的时候说出适当的话，包括拒绝。我们不能一味地学着去奉承别人，向别人妥协，因为在逆来顺受的情况下，你不一定会得到别人的尊重。相反，不懂得拒绝别人，反而会让别人看轻你。因此，我们要敢于拒绝，并且善于拒绝。

可能有的年轻人，特别大学毕业生，感到拒绝别人是一件难为情的事情，甚至有心无力，明明自己想拒绝的事情，却不好意思开口。事实上，如果我们懂得如何巧妙地拒绝别人，并且拒绝的方法适当，拒绝得有理，那样不但不会得罪对方，还会让对方尊重你，而且节省双方的宝贵时间。有的时候，不懂得拒绝有可能会耽误对方的事情，若是懂得适当地去拒绝别人，有可能会避免这样的麻烦。

大学毕业生刚刚踏入社会的时候，经常需要面对同事们的请求。比如说对方请自己帮忙，或者说有什么要求。如果这些事情我们能够做到，那还好办，如果是一件难度很高的事情，或者是让自己特别为难的事情，就不知道如何是好了。

王阳刚去医院上班的时候，由于他年轻，还没有结婚，家里的事情比较少。于是，每当医院有人不想值夜班的时候，总是请王阳和自己换班。最多的时候，王阳甚至一周上了四次夜班。这样一来，他的作息规律受到了严重的挑战。白天在家睡不着，晚上到了单位又困得要命，导致他在工作的过程中出了差错，给患者拿错了药，差点酿成大事故。主任狠狠地批评了他，让他以后不要随便替别人上夜班了。

可是还是有人请他代班，王阳面子上实在抹不开，但是又不知如何拒绝别人，结果由于他说话不当，得罪了好几个人。毕竟大家都是同事，万一以后自己哪天有事情，再找别人替班可就难了。

那么，他如何才能找一个既不得罪同事，又能把换班的事顺利推掉的理由呢？

其实，王阳可以这样说，自己刚刚被主任批评过，如果再度因为这件事情挨批评，有可能会连累到别人，为了谨慎起见，暂时先不代班了。相信同事听了这番话之后，也会理解他的。这样一来，既委婉地表明了自己不想代班，又给同事留了面子，表明了为对方着想的态度，一举两得。

类似这样的事情在生活中有很多。比如说，在公司，如果同事的工作忙不过来，可能会请你帮忙。如果你有时间，这事情还好办。如果自己实在没有时间，就要学会拒绝。如果对同事直接说"不"，口气很生硬的话，这绝对是最糟糕的选择，肯定会让同事觉得心里不舒服，有可能以后连朋友都不能做了。还有的人会回答："对不起，这忙我帮不了你，你找别人吧！"如果此时你再举另外一个人的名字，同事有可能会把这话转述给对方听，那情况就更糟糕了，你一次性得罪了两个人。

那么，我们应该如何巧妙地去拒绝别人呢？

这并不是一件难事。在我们拒绝别人之前，首先要做到的是倾听别人的诉求。因为有的人比较在意的是你的态度，而不是求人办事的结果。大家都有这样的体会，当我们作为消费者，因为对某项服务不满意投诉的时候，不管问题是否得到解决，我们最在意的是对方的态度。如果对方蛮横不讲理，再好的处理结果都不能让我们的怒气平息。所以，注意倾听是首要做的事情。千万不要忽视这一点，倾听在你学会拒绝的过程中发挥着重要的作用，它会让对方有一种受尊重的感觉。而且它为接下来你表明自己拒绝的态度时做好了铺垫。同时，这样也尽最大的努力减少了你对对方的伤害，避免了别人的误会，对方不会觉得你在敷衍。

其次，我们就要温和而坚定地表明拒绝的态度了。说这些话的时候，语气一定要诚恳，在说明之前，要解释好自己的苦衷，告诉对方为什么无法提供帮助。当你仔细倾听了对方的要求，并果断决定应该拒绝的时候，说"不"的态度必须是温和而坚定的，千万不要模棱两可，让对方误会还有希望。

我们生病的时候都吃过糖衣药片吧，同样是药丸，如果有糖衣，药就容易让人接受；如果没有糖衣，自己吃起来就会困难许多，感觉也很不舒服。

同理，当我们拒绝别人的时候，温和地表达就是糖衣，里面的"不"就是苦苦的药片。在拒绝的时候，我们要解释好自己的理由，因为如果你一句话不说的话，对方势必会误会，而且还会怀疑你的人品和态度。也许他会在心里想，这是一个冷漠的人，当别人遇到困难的时候，他根本想不起去帮忙。那好，以后轮到他有困难，我也不会管的。因此，我们要解释清楚自己为什么不帮忙，要表明自己的态度，不是不想帮，而是没有能力帮。或者，实在是没有时间帮忙。这样一来，对方就能理解了。

最后一点，拒绝之后，不要以为事情就此结束，还要在事后给对方一些关心。比如说拒绝对方之后，你可以在事后打听一下，"你的事情办得怎么样了？""问题解决了吗？"这些话虽然帮不上实质性的忙，却让对方感受到了你的温暖。拒绝有时是一种漫长的过程，有的问题，对方说不定还会再提出来，如果你主动关心对方，让对方了解自己的苦衷与立场，可以减少拒绝的尴尬与影响。

当然，有的拒绝确实是一件伤害别人的事情，我们应该学会适时地给予对方一些关心，这样才能起到安慰对方的作用。而作为被拒绝的人，也不会觉得自己陷入孤立无援的境地。此外，在别人需要帮助的时候，我们也要尽量施以援手，不能光想着自己的利益而频繁地拒绝别人。只有这样，我们才能让自己不致陷入经常被别人拒绝的境地。

用"代入法"想问题

在日常生活中，我们经常会听到这样的抱怨，比如说"为什么总是有人刁难我"、"为什么有人总是跟我过不去"、"为什么我求他办事，他从来都不肯答应"……诸如此类的话，无一不在表达着一种不满、恼恨，甚至反感的情绪。其实，造成这种负面情绪的原因，并非完全是因为对方不通情理，而是因为在抱怨的时候，我们只想到了自己，没有考虑到别人的感受。如果换一种角度来想问题，我们站在他们的立场上，把自己代换成他人，找出问题的根源，这样就可以避免一些不必要的负面情绪。同时，认清眼前的事实，对如何解决目前的问题也是非常有帮助的。一味的抱怨并不能解决任何实际问题，只能让自己沉浸在烦恼中不能自拔，折磨着自己。

遇到这样的事情，如果我们能够学会变向思维，尝试着用"代入法"去解决问题的话，问题很快就会迎刃而解。而"代入法"就是尝试着让自己站在对方的角度去考虑问题，解决问题。

刘浩刚开始上班的时候，天天回家向父母抱怨。"我的上司对我要求太严格，根本不给我充足的完成工作的时间。""那些经验丰富的同事太冷漠了，当我向他们请教问题的时候，根本没有人帮我。""销售部门的人根本就不懂得配合我，到现在都没有把数据资料送过来。"诸如此类的话，让父母听了头疼不已。

刘浩在抱怨这些问题的时候，完全是站在自己的角度上来考虑的，他没有认真想过，对方为什么会这样做？比如说，当他不能按期完成工作任务的时候，上司如果不对其严加管理，下属们有可能会一拖再拖，甚至因为个人的工作影响到整个大局，造成严重的后果。这种情况下，公司就会追究管理者的责任，他岂不是连累了自己的上司？

还有，同事拒绝他请教的时候，也许当时他们正在忙自己的事情。大家都有自己的工作，刘浩应该理解，即便是要请教别人，最好也要挑人家不忙的时候开口，如果这边忙得焦头烂额，他再凑上去请教，遭遇拒绝也是情理之中的事情。

至于其他部门不配合自己，那就更应该检讨一下，是不是自己没有提醒对方？在这种情况下，刘浩完全可以打一个电话，催对方一下。这样一来，既尽到了自己的职责，也会提醒对方应加快工作进度。

在生活中，很多的年轻人因为自己见过的世面太少，应付复杂多变的环境时觉得力不从心。每当这种时候，如果只站在自己的角度想问题，很容易陷入思维定势而不能自拔。甚至有一些年轻人血气方刚，在什么问题上产生分歧之后，争论一会儿就会吵起来，吵到后来说不定就变成大打出手，最后反目成仇、各奔东西。这样的结果，显然不是我们想看到的。事后，说不定这些人还会感叹，这个公司的人际关系怎么这么难协调啊！

确实，在现实生活中，每个人都可能因自身的缺陷不可避免地犯错误，但这并非意味着我们可以将所有的过错推到别人的身上。我们要学着去理解别人，学会设身处地地为对方着想，积极寻找一种"代入"的感觉。

比如说，在公司里，当领导批评我们的错误时，我们可以尝试着站在领导的角度去考虑问题。我们可以这样想，如果自己下属犯了错误，自己不闻不问，那公司的秩序岂不会变得混乱起来？这样一想，心里就会释然，也就不会因为领导对自己的批评而耿耿于怀了。

如果同事之间产生了什么误会，我们可尝试着站在对方的角度来考虑问题，这样一来，很多小矛盾就会烟消云散。用代入法去理解问题，还会让人变得比较客观，在不知不觉中纠正一些片面的想法。在论坛上，我曾看到这样的一篇帖子，讲的是一位城管的故事。

这位网友说自己以前看到城管人员，总觉得他们可以有一整天的时间逛街，很是轻松自在，可是等自己做了城管才知道，很多琐碎的事情都需要去处理，甚至忙了一天，到下班的时间还要去加班，回到家的时候，累得躺在床上连动也不想动。这种时候，他才体会到当城管的艰辛。

类似这样的事情，生活中并不少见。当我们置身事外的时候，是不能体会当事人的酸甜苦辣的，唯有我们代入其中，历经千辛万苦，才会感同身受。因此，用代入法想问题，会让我们变得更加明智。

有一位年轻人去面试的时候，带了厚厚的一沓个人资料。负责招聘的工作人员一看，立刻脸上露出了不悦的神情。后来，这位年轻人面试遭遇了失败。回到家里，他开始翻自己的简历，他想，我这份简历做得很好啊，为什么他们连看也不看呢？

当他翻看了几页之后，突然明白了其中的道理。负责招聘的工作人员面前，放了高高的一摞简历，他们根本没有足够的时间去逐一翻阅。而这么厚的一份简历，显然会让他们不感兴趣。这位年轻人心想，如果我是招聘的工作人员，一定想看到一份既简单，又提供了所有必备信息的个人简历。

想通了之后，这位年轻人立刻打开电脑，重新制作出了一份简单明晰、准确表达自己个人信息的简历。他从网上发到一些公司的邮箱之后，很快等来了面试的通知。

这位年轻人的做法显然是明智的。他这样做并不是因为聪明，而是因为他学会了用代入法去解决问题。每个人都希望自己成为最优秀的人，那么，学会代入法会让我们更早更快地达到这个目标。代入法会让我们看问题变得更全面，而且还会变得宽容和大度，这对我们将来的人生发展是大有益处的。

在公司里，如果我们想得到老板的器重，就不妨站在他的思维角度考虑问题。比如，他最需要的是什么？这样，我们的工作目标才会更清晰，工作效率才会更高。在同事面前，如果我们用代入法想问题，我们才会理解别人，而且与他们合作得更加协调。在这个过程中，我们会不断提高和发挥自己的人格魅力，还会让自己的思维得到拓展，突破旧有的思维障碍。代入法更有利于我们顺利地解决工作中遇到的一些问题，因为当我们积极主动地转变思维方式，从一个全新的角度，用一种全新的办法来看待问题时，才能取得最好的效果。

宁弯不折才是英雄

年轻人初走向社会的时候，谁都希望自己前方的路是平平坦坦的，没有困难没有障碍，四平八稳地走着，没有任何危险。但事实上，这只是一种美好的期望而已，人生的风景是多姿多彩的，这就注定多多少少会遇到一些困难，也就是俗话说所说的"坎儿"。

有的人在遇到困难之后自暴自弃，根本迈不过这个坎儿，还有的人则在遇到困难之后，最大程度地发挥出宁弯不折的韧性，从而顺利渡过难关。须知流沙沉金，那些能坚持到最后的人，往往才是真正的英雄。所谓的"宁弯不折"其实就是一种变通的智慧，主要是指当我们遇到困难的时候，不能像"愣头青"一样，一根筋走到头，而是要学会变通，学会暂时的隐忍，保存自己，这样才能坚持到最后，获得期望中的成功。

有的年轻人刚步入社会的时候，血气方刚，爱憎分明，这样的热血青年固然值得我们赞赏。可是如果碰到具体的困难也抱着同样的态度，不去变通，由着自己的性格随心所欲地处理问题，想怎么样就怎么样，那么有可能会把事情办砸，最后弄得一发不可收拾。甚至还有可能得罪一些不该得罪的人，让自己陷入不必要的麻烦中去。因此，我们应该懂得变通的智慧，而不应该一条道走到黑，不撞南墙不回头。

我们都知道，当一颗种子落入土中之后，如果它发芽，那么最好不要移动，因为这样的话会很难让种子成活。可是人就不同了。俗话说得好，人挪活，树挪死，当我们遇到问题的时候，需要灵活地进行处理，如果这个方法不行，那就换成另外一个方法。这就像是拿着一大串钥匙开锁一样，如果不认真地试试，又怎么知道哪一把才能打开锁子呢？

有一部电视剧叫做《劝和小组》，这部电视剧的开头一幕引起了很多人的关注。男人贾胜要跳楼自杀，原因很简单，为了一万块钱。原来，他的父亲得了重病，需要住院治疗，当时商量好弟兄之间一人出一万块钱，可是他却拿不出来，因为老婆不同意。一气之下，他便站在楼顶上，闹着要自杀。事后，在劝和小组的帮助下，他放弃了轻生的念头，走下楼来，与妻子重归于好，后来，又找到了一份高薪的工作，这才渡过了家庭危机。

试想一下，如果当初他一头栽下去，恐怕也就没有后来的幸福生活了。同理，我们在生活中也是如此，有的时候，面对重重困难，我们甚至有了放弃或者轻生的念头，在这种关键的时刻，宁弯不折才是最明智的选择。困难都是暂时的，办法总比困难多，不要被眼前的这些困难所迷惑，要学会变通，不能太死板。

这就好像我们走在路上，突然碰到一个悬崖，怎么办？跳下去吗？当然不是，跳下去虽然一了百了了，可是生命只有一次，我们的人生却从此画上了句号。我们要学着绕路走，绕开它，尝试着走别的路线。要知道，盲目的执著是不可取的，只会让我们的处境变得更危险。

美国威克教授曾经做过这样一个实验。他将一些蜜蜂和苍蝇同时放进一只平放着的玻璃瓶里。瓶子的底部进行光照，而瓶子的口部则对着暗处。这样一来，那些蜜蜂则拼命地向着有光的地方飞，试图从那儿冲出去。时间一长，有的蜜蜂则活活地累死。相反，一些四处乱窜的苍蝇，反倒从瓶口飞出去了。

这个实验很有趣，同时也告诉了我们一个道理：有的时候，并不是我们朝着既定的方向努力，就可以得到我们想得到的东西。在一个复杂的社会里，机动灵活远比按部就班实用得多。

在上述实验中，只知道执著的蜜蜂全部死掉而苍蝇却生存了下来，因为它们更具有韧性，此路不通，它们就会试着走另外的路，最后终于获得求生的机会。懂得随机应变，擅长变通是一种智慧，这种智慧让人受益匪浅。这就是宁弯不折的根源之所在。

大家都知道，古代的孙膑遭到了庞涓的陷害。当时，庞涓将他软禁起来，逼着他把《孙子兵法》的内容全部写下来。如果孙膑强硬到底，可能会遭遇庞涓的杀害，连个全尸都留不下。就在这种时刻，孙膑采用了"宁弯不折"的态度。他先是假装同意，当对方放松警惕的时候，他又开始假装得了疯病，故意做出一些疯疯颠颠的举动来迷惑对方。终于，庞涓对他放松了警惕。这样一来，孙膑才成功地脱离对方的监视，得以逃生。事后，孙膑终于为自己报了仇。

如果当时孙膑硬抗到底的话，结果当然只有一个，那就是被"折断"。因此，他选择了变通，用一种"装疯"的妥协，来获得了宝贵的生存机会。我们不妨在生活中借鉴孙膑的智慧。在工作上也是如此，宁弯的原则就是懂得变通，懂得实施弹性的法则。在生活中，我们要懂得因时制宜，在某种特殊环境之内，尝试多种可行的方案，这就是所谓弹性处理。

苏平曾在一家网络食品公司工作。由于市场萎缩，公司的效益下滑，便进行裁员。当身边的同事一个接一个离开的时候，苏平心里感到很难过，也感到了一种前所未有的危机感。随着人员的减少，老板给苏平安排的工作也越来越多，有的还是他从来没有做过的工作，比如说拿报纸、收邮件，这些以前是前台做的工作，都安排到了他的身上。有的同事气不过，就对他说："老板这分明是不尊重我们，居然把我们一个人当三个人用。"可是苏平却不这么认为，他觉得，这反而是锻炼自己的好机会。

没过多久，老板又把他发放到生产原地，帮忙管理市场原材料方面的事情。可是没过多久，他又被调到了销售科，从事电话销售工作。不久，他又被安排去仓库检查库存……有很多的同事也是这种遭遇，他们纷纷离开了公司，而苏平却坚持了下来。一年之后，公司终于渡过了危机，苏平也成功地晋升到了更高的职位，现在，他已经是公司最高层的管理人员了。

苏平的经历值得我们学习。而对变故和挫折，宁弯不折是我们对生活所抱有的最乐观的态度。任何时候，我们都应让自己保持开放的心态，同时，还要想办法证明自己是个有价值的人。自然界最后能生存下来的，都是最富有生命力的，而不是那些最强壮的，更不是那些最聪明的物种，而富有生命力的定义，就是宁弯不折，懂得如何去适应环境的变化。这是达尔文进化论的中心思想，也是一种谋生的智慧。同时，也是对宁弯不折的最合理的阐释。

为学历自卑很愚蠢

在我们求职的过程中，是学历重要，还是能力重要？显然，能力要比学历重要。这是当今社会上被人们普遍承人的事实。学历与能力在这个复杂的时代里不一定是成正比的，这已经是很多企业家、人力资源师们普遍承认的一个事实。

有一次，我去一所高校讲课，结识了一位新近成为大学讲师的女孩。当她告诉我她的学历并不高，只是研究生毕业的时候，言语间透露着一种自卑。她说这所高校有很多的博士学历的教师，自己很难在这里出头，将来也很难有发展前途，她甚至萌生了一种辞职的念头。我笑着告诉她，其实，她的学历已经相当不错了。而最关键的问题是，她为自己的学历自卑是非常没有必要的。我告诉她，其实我的博士生导师最初只是高中毕业。后来进入工厂上班，在工作之余刻苦自学，花费了十来年的时间，才有了今天的成就。她听了之后，非常吃惊。原来，比自己学历低的大有人在，可是他们一样可以取得杰出的成就。

纵观那些富翁的排行榜，我们就会发现，其实很多有钱人的学历并不高。比如说，作家排行榜排在前三名的郑渊洁，连大学也没有上过，但是他却靠自己一个人支撑了一本杂志几十年，创造了文坛的奇迹。

可能也有的年轻人会抱怨说，那些名牌大学毕业的人，就是挣得比我们多。如果我们是美国哈佛大学毕业的，或者是北大或清华大学毕业的，那该有多好！

其实，他们在讲这些话的时候，已经在无意中暴露了自己因为学历而产生的自卑心理。也正是由于这种自卑的心理，让他们的观念变得狭隘起来，同时让自己生活在自卑和贫穷的矛盾中不能自拔。

当然，我的意思并不是强调学历不重要，而是想说明，为了学历感到自卑是一件很愚蠢的事情。从实质上来讲，学历只是代表一个人受教育的程度。它是一个人对自己最重要的投资之一，但是，很多人虽然手上有很多的证书，有很多的学位，却并不代表他们有很强的能力。在现实生活中，高分低能的人也是有的。同样，一个高能力低学历的人同样也是存在的。我们身边也不乏这样的人，比如说，有的人没有学历，却同样可以把一件事情做得非常好。有很多人的知识和能力常常达不到契合的程度。有许多事业成功的人并没有上过大学，最后却成为世界顶尖的知识英雄，还有的人只是普通大学毕业的，却做出了让世界瞩目的成就。比如说淘宝网的创始人马云，他曾三次考大学没有考上，后来勉强上了一所普通大学，可是他照样成为了著名的企业家。时尚服装的创始人多纳·卡兰就没有受过什么教育，同样也获得了成功。还有的人根本大学都没有毕业，比如说微软公司总裁比尔·盖茨在大学中途退学，可是在几年之后，他却成为了叱咤国际风云的首富。

在世界上，为数众多的成功人士都没有受到过系统的教育，更没有学历，但是他们却懂得如何发挥自己的长处，找到符合自己天赋的一门或者多门的技能，加以发扬光大，从而成为那个领域的佼佼者。因此，我们实在没有必要因为自己的学历而感到自卑。

在现代社会中，"我没有受过良好的教育""我没有名牌大学的文凭"这些话是不少人常用的借口，事实上，我们不一定非要进入某名牌大学的校门才能学到知识，在这个世界上接受知识的途径是多种多样的，去名牌大学镀金，只不过是千百万条求知途径中的一种。再者，从学校的书本上学到的那些东西，常常有很大的局限性，并不一定能在社会上派上大的用场。

为学历自卑，其实是在为自己找借口，拿破仑·希尔在他的《思考致富》里曾经提到这个问题。他在书中将一位个性分析专家编的借口表列出来，居然有五十多个。拿破仑·希尔说："找借口解释失败全是人类的习惯。这个习惯同人类历史一样源远流长，但对成功却是致命的破坏。"我们在为自己的学历感到自卑的时候，其实是在找借口，这是一种不良的心态，要努力地去克服，如果不克服它，是没有办法树立起信心的。如果无法摆脱这种自卑的纠缠，也就根本没有办法实现自己的理想。而那些做成大事的人，首先要做的第一项就是拒绝与自卑为伍。如果做不到这一点，即使你是天才，也会终身平庸。

有句话说得好："天下无人不自卑。无论圣人贤士，富豪王者，抑或贫农寒士，贩夫走卒，在孩提时代的潜意识里，都是充满自卑感的。"但你若想成大事，就必须战胜自卑感。

那么，我们如何才能消除这种自卑感呢？

首先，我们要懂得如何主动地去学习，也就是通常所提到的自学。有很多真正的能力来自社会大学和自学。也许有的年轻人对自学并不抱信心，感觉没有老师教，怎么可能学得好呢？其实，如果你知道，日本"经营之神"松下幸之助只有小学四年级的学历却比现在很多的管理学博士更为优秀的时候，如果你发现，美国钢铁大王安德鲁·卡内基13岁开始工作，全靠自学才将公司发展壮大的时候，你就会明白，自学的威力是无穷大的。

无论我们是否受到过良好的高等教育，自学对我们而言同样重要。自学永远不会晚，哪怕你从今天开始，也来得及。千万不要满足于眼前平平淡淡的日子，抓紧时间自学，会给我们的未来提供更为广阔的天地。

其实，我们还可以通过努力获得回报来增强自己的自信。大家都知道，有很多的亿万富翁都是靠白手起家的。他们在最开始创办自己企业的时候一无所有，可是随着小雪球慢慢地滚成大雪球，资金、人脉和经验慢慢地积累起来，企业也就会越做越大。同样，我们也可以靠自己的努力，从零开始，慢慢地把自己的事业做大。当终于有一天，我们可以自豪地向众人展示的时候，就会认识到，学历对我们的成功并不能构成任何障碍。学历会随着时间而贬值，已经成为人们的共识，但真正有能力的人，永远都为社会所需要。

不要过于愤世嫉俗

愤世嫉俗是一种深刻还是一种浅薄？这是一个难解的命题，不过，有一点可以肯定，年轻人如果一味地愤世嫉俗，有可能会让自己陷入狭窄的思维理念中去。

从本质上来讲，"愤世嫉俗"是一种"推卸自身责任的表现"。有些人对现实的生存状态不满，但是却又缺乏改变自己现状的能力和动力。于是，他们就会形成一种变态的贪欲，当这种贪欲不被阻止的时候，人就会很容易产生一种愤世嫉俗的思想。

从客观上来讲，当一些年轻人看到自己与别人的差距大的时候，他们往往不喜欢从自身找原因，反而从对方的身上找原因。比如说，他们比我家庭条件好，他们的父母比我的父母有关系、有门路，他们生活的城市比较发达，他们的经济基础比我好……种种理由归结起来，无非就是想说，他们比自己成功，原因不是自己无能，而是他们具有得天独厚的条件。

在现实生活中，确实有的人一出生便拥有更多的物质财富，就像是《红楼梦》中的贾宝玉，是含着银匙出生的。可是，这些人的存在，就能改变我们的世界观和人生观吗？显然，这是片面的认识。

在我们的身边，草根奋斗成功的例子比比皆是。比如说青年演员王宝强，以前只是一个从农村里走出来的不知名的小角色，可是随着他演艺事业的发展，他渐渐成为了炙手可热的一线明星，难道他是靠自己的后台成功的吗？

林肯，当年只是一个说话结巴的不起眼的人，后来却成为了美国的总统，难道他不是靠自己的努力获得成功的吗？

可能有的年轻人会说，那只是他们运气好啊！可是有些人运气不好，同样也获得了巨大的成功。比如说拿破仑，他曾在25岁的时候遇到政治迫害，离开了军队。当时，他身无分文，几乎想带着25年的辛酸往事，投入塞纳河自杀。你能说他当时的情况属于幸运吗？

在现实生活中，有许许多多的人物都经历了比我们现在不知要难过多少倍的艰苦生活。有的时候，他们受到的虐待似乎超出了我们的想象，不过，他们都坚强地忍受着艰辛，用一种持久的努力，突破了重重围困，从而获得了成功。

著名的作家王朔，他曾在辞职后开办了餐馆，由于经营不善，收入不佳，过的是极端贫困的生活。那时，他与舞蹈艺员沈旭佳相依为命，沈旭佳跳一场舞只能挣5块钱，而且为了保证身体的营养，两个人不得不将这些钱用来吃饭，以强化身体。有的时候，他们甚至拮据到去饭馆点菜都提心吊胆的地步——因为担心吃完饭后带的钱不够付账。

直到后来，随着王朔作品的不断发表，他的窘困的生活才彻底得到缓解。在这样困苦的日子里，王朔从来没有怨天尤人，反而过得非常快活。不得不说，他的心态是非常乐观的，而不是愤世嫉俗的，也正因为这一点，那些贫困的生活没有将他埋没，反倒让他从平淡的生活中脱颖而出，成为一代名家。

愤世嫉俗实质上对我们的生活并没有益处，反而会让我们的生活退化。同时，还会让一个人变得狭隘浅薄。如果一味沉浸在这种思想里，非但对自己的状况改变起不到丝毫的作用，而且只能让自己变得更加悲观和沉沦。

王涛大学毕业之后，在一家小公司上班，当时，他对自己捉襟见肘的生活极为不满，对微薄的工资收入更是极度失望。可是他本身却不对命运做出抗争，只是一味地抱怨。日子一天天过去，他从第一天上班抱怨到现在，可是抱怨了几年之后，问题还是存在。他还是挣那么一点儿可怜的薪水，照样在原地踏步而已。就是当初比他晚进公司的员工，也都升到了比他还高的职位，可是他依旧不思进取。长期这样下去，他又能有什么出息呢？

王涛的经历值得我们汲取教训。我们可以对生活中的不公平发表不满，但是却不能天天盯着那些不公平的事情度过自己的人生。富贵也好，贫穷也好，无论是哪一种结果，都不应该成为阻碍我们前进的理由。在一些条件艰苦、贫穷落后的国家中，虽然那里的人们处于贫困之中，但他们仍是乐天的，他们绝不会因为自己的贫穷而愤世嫉俗。因此，他们也很少会因此而受到欲望的熬煎。在他们看来，生存本身就是一种快乐，他们也因此而让自己的心态变得健康而快乐。

人生有希冀，才会有希望。如果我们不懂得这一点，就只能整天生活在抱怨中，看不到前面的光明。与其整天愤世嫉俗，我们不如对人生持一种拿得起又放得下的态度，这样才能过得上尽兴的生活。

如果一个人过于愤世嫉俗，那么就应该作出适当的反思和改变了。

首先，我们可尝试着转移自己的注意力，比如说把大部分的时光和精力投入到如何发展自己的事业中去。当我们在拼搏中付出大部分的精力之后，肯定没有精力再去讨论那些无聊的话题了。

与其过多地评价别人的生活，不如尽情享受它给自己和友人带来的快乐。比如去购买自己喜欢的物品，和朋友一起去喜欢的风景区远足。尽管比起别人来可能这算不得什么，但是我们却可以因为这些事情让生活变得更加饱满和充满内涵。

因此，我们在日常生活中应该保持一种平和的心态，而不是去愤世嫉俗。要用心平气和的态度去看待问题，学会去适应世俗，而不是尝试着去愤世嫉俗。比如说，我们尝试着适度从众，跟上大家的脚步和步伐，多思考，尝试着全方位、多角度地理解问题，让我们的人生变得重新充满希望。

梦想切忌虚浮

每个年轻人都会有自己的梦想，他们会对自己的职业和发展目标进行全面而详细的规划。但是，也有的年轻人很浮躁，从而导致自己的梦想变得虚浮。

没有梦想的人生是不完美的。梦想就像是我们前面的一盏指路明灯，指引着我们前进的方向。如果失去了梦想，我们就失去了前进的方向，失去了前行的动力。没有梦想是可悲的，但是如果在梦想面前变得虚浮，也并非明智的选择。因为无论我们实现任何梦想，都是需要亲力亲为的。而且，梦想的实现是一个长期而艰巨的任务，绝非一朝一夕才能完成。只有踏踏实实地去做，才有可能实现自己的梦想。

多年前，奥地利的小鞋匠布鲁克有一个美好的梦想，他想将来有一天能拥有一家属于自己的皮鞋制造工厂。有很多的人在嘲笑他，大家都认为这是不可能的。但是，布鲁克却一步一个脚印向着自己的梦想奔去。他把每一双鞋子都尽力修补到最好，让它们就像新的一样。

有一天，有位顾客拿来一双掉了鞋底的皮鞋，交给布鲁克修理。如果是别人，肯定会劝顾客买双新鞋子算了。可是布鲁克并不这样想，他不仅给顾客缝上了一个新的鞋底，而且还擦得非常亮，让鞋子看起来就像新的一样。顾客看到鞋子赞不绝口。旁边的人们却纷纷嘲笑布鲁克是个小傻瓜，因为顾客只付了一点儿钱，这样细心地去做，根本就不值得。但就是因为这双鞋子，让他顺利地成为了一名鞋厂的职工。因为这位顾客将他介绍到了皮鞋生产厂去干活。后来，布鲁克一步步从工人做到了管理者的位置，并最终成为了奥地利最大皮鞋工厂的制造经理。

而那些嘲笑布鲁克的同行，虽然也有梦想，却不及布鲁克这样努力，个性上的虚浮让他们做了一辈子的修鞋匠。这些人好高骛远，不肯像布鲁克那样付出，光想着眼前的小利益，却没有抬头看路。而布鲁克却踏实勤勉，肯于付出。他不计较眼前的小利益，不断地累积自己的经验，一步步构筑未来的梦想。

在生活中，总有一些人显得很浮躁，他们认为自己的工作不好，或者是感觉工作就是机械性的重复，太琐碎而缺乏意义和新鲜感。有的年轻人还会害怕自己的能力得不到锻炼而失去在未来职场的竞争力，于是就盲目地去跳槽。事实上，有梦想是好事，但是如果梦想太虚浮，自己又意识不到，那么结果只能是人仰马翻，重重地摔一跤。

可能有的人会说，要实现自己的梦想怎么能怕失败呢？比如说乔布斯，在创造苹果帝国的路上，就经历了许多波折，最后才实现自己的梦想的呀！

确实，"苹果之父"乔布斯的成功令人瞩目。可是，这个世界上只有一个乔布斯，我们大多数还是普通人。我们可以看一下乔布斯的人生经历，他的一生中，几乎没有一步是按照大多数人的轨迹走的。准确地来讲，乔布斯的人生离经叛道，根本不符合普通人的成长逻辑，虽然他如此深远地改变和影响了世界，但并不是所有的成功都可以复制的。乔布斯的经历就是如此。

我们不可能人人都成为乔布斯。所以，梦想也要切合实际。要知道，如果一个人的梦想距离现实太远，那么就会让人付出资源与时间的代价。所以，在树立自己的梦想的时候，切忌脱离实际，一定要有一个理智的心理预期，还要给自己一个最合理的理由，同时还要安排好一条最理智的后路。

李筝就是这样一位理智的女孩子。当时，她离开大学的时候，遭遇了严峻的就业形式。原本，她打算进入一家知名大公司上班的，可是她从报纸上看到，和自己同一年大学毕业的全国普通高校毕业生人数达到了495万，比去年增加82万，同比增幅达19.9%。当时大学生就业的问题就是增量多、压力大，整个就业市场需求岗位的总体状况相对趋紧。严峻的就业形势进一步增加了当年无法当期就业的人数，这让李筝明白，工作机会是极为难得的，因此，她果断放低了自己的要求，选择了一家小公司就业。很快，她在这家小公司里如鱼得水一样，做出了优秀的业绩。在一次商业会谈上，她的优秀表现引起了客户的关注，很快，客户高薪将她挖走，向她提供了一个很好的工作职位。

　　李筝的梦想也很远大，但是在严峻的社会现实面前，她暂时将梦想推后，选择了接受现实，从小公司干起，随着她的努力，终于实现了自己的目标。实际上，每一个人都有实现梦想的理由，但在现实生活中，这些理由不一定能让我们实现预期的目标，因此，切忌浮躁做事，以免付出惨重的代价。

　　那么，我们如何避免自己的梦想过于浮躁呢？

　　首先，不要因为工资或者待遇低而不考虑其他因素就决定辞职做别的事情，这是一种不成熟的表现，而且是一种短视的行为。要知道，一份工作带给我们的，不仅仅是收入，而且会有其他方面的收获，比如说知识、技能、经验、人际关系等多方面的积累。也许当前的工作距离我们的梦想很远，可是梦想是需要一步一个脚印去实现的，而非一蹴而就的。

　　其次，无论是公司还是社会，都不会长久地埋没一个人的才华，对人才的渴求是永远也不会停止的。若想实现自己的梦想，就要先脚踏实地地做出成绩来。才华就像是藏在口袋里的锥子，早晚会露出来的。

　　再者，要客观地认识到现实，不要以为"大学生"就是"高素质"、"高智商"、"高薪酬"的代名词，有梦想是可以的，但是如果在实现自己的梦想时眼高手低，是很难实现梦想的。因此，要抛弃这些陈旧的观念，必须重新正视自己的身份：社会新人，从零开始。

　　要想实现自己的梦想，需要心智尽快地成熟，不要以游戏的态度对待人生，要代之以务实、缜密的生活态度。要树立正确的人生观，寻找适合自己能力的工作岗位，实现人才与岗位的良性配置，同时，逐步积累工作经验，为实现自己的梦想而做好准备。

第三章

现实很残酷，懒散无为的恶习一定要剔除

很多大学生明明很年轻，所表现出来的生活状态却"暮气沉沉"。这种散漫的态度不能带到毕业后，成熟的社会人要对自己有所控制，这关系到个人的前途和生计，绝对不能懒懒散散。得过且过不是一个好习惯。

本章导读

◉ 别让生活陷入复制的恶循环

◉ 毕业了,要对自己的健康负责

◉ 个人形象就是品牌

◉ 从虚拟走向现实

◉ 尽可能地多见世面

◉ 离开才能成长

◉ 及时总结经验和教训

◉ 拒绝拖延症

别让生活陷入复制的恶循环

国学大师李国文先生曾经说过这样的一句话："人生最可怕的事情，莫过于昨天和今天一个样，而今天和明天又是一个样。"在现实生活中，有的大学生刚刚毕业参加工作的时候，往往每天重复自己的生活，让自己的日子陷入无穷的复制中去。年复一年，日复一日，如果让自己的生活整天重复，那么你就会发现，生活变得枯燥无比，而且，还会让人变得麻木，停滞不前，甚至缺乏朝气，变得老气横秋。究其原因，主要是生活重复的几率太高了。如果我们让自己的生活整天陷入复制中，每天都在重复上一天，或者让自己的某个行为不断地进行复制，认真地想想，我们岂不是在浪费生命吗？

人最大的惰性在于学会"习惯"，当习惯了一些重复的生活之后，似乎一切都变得那么理所当然。

当年，我大学刚毕业的时候，每天按时起床，然后坐两个小时的公交车上班，在忙碌了一天之后，再用两个小时坐公交车，看着街景回到家中，看会儿电视，然后睡觉。这样的生活持续了很久之后，我发现自己的人生过得浑浑噩噩，生活中缺乏新意。渐渐的，我对这样的生活再也没了兴趣。这种时候，我意识到了一个问题，那就是我的生活太枯燥了，它在不断地进行复制。

有一天晚上，我躺在床上想了很久，我发现目前的这个样子并不是我想要的生活。接下来的日子里，我努力让自己的生活有所不同，比如说下班之后，我报了一个会计培训班，每天都会去上课。接下来，我又发现写日记是一件很有意思的事情，于是，我开始每天都在日记上写下自己生活中的点点滴滴。后来，我又开始做公益活动，让自己变成了一个内心幸福的人。

后来，我才感受到，其实，生活每天都可以有所不同。我们没有必要总是让生活进行复制。实质上，这是一种散漫的生活习惯，对我们的前途没有半点好处。

自行车大王标哥接受采访的时候，这位80岁的老爷子说了一句话，叫做"有些事情，现在不做，一辈子都不可能再做了。"这句话虽然很简单，却蕴涵着深刻的道理。是的，如果我们总是在复制自己的生活，也许一辈子就这样碌碌无为地度过了。也许等我们白发苍苍的时候，才蓦然发现，自己的一辈子过得太平庸了，此时后悔已经晚了。

有些人总是希望自己能够比别人棋高一着，可是却不懂得如何去改变自己的做法，如何改变自己的生活态度。如果一直在复制生活，又何谈比别人棋高一着呢？

有一本全球畅销书叫做《乐在工作》，这本书的作者是魏特利和薇特，他们曾以老鼠走迷宫对比人们对生活的态度。他们在书中指出："科学家为了实验，有时会训练老鼠走迷宫，走到出口处，老鼠便能得到一块奶酪作为奖赏。时间一长，老鼠就习惯了，它们天天按着规定的路线走，不断重复自己的生活。就算是科学家不给奶酪，老鼠仍会依照记忆中的路径走几次，一直到它们意识到，自己沿原来的路线走再也得不到奶酪了，这才无奈地接受事实，尝试着去走别的路线。老鼠会让自己被动地接受新的变化，被动地改变自己的行为方式。"

同理，我们在生活中，习惯了每天做重复的工作，我们在潜意识里觉得这些是不会变的，但客观地来讲，社会在变，生活在变，我们身边的一切都在变，要想让自己的生活环境不变，那是不可能的。可是如果我们复制自己的生活，每天做同样的工作，将来公司发展了，社会进步了，对我们要求提高的时候，我们能跟得上公司前进的步伐吗？显然，答案是否定的。就像上面的故事中提到的小老鼠一样，奶酪不可能永远只在原地等着我们。然而，人类有的时候却不如老鼠聪明，人们知道以某种固定的方式行事可获得报酬之后，就会不断地重复同一方式，即便是奶酪拿开很久了，才会慢慢地意识到，这种方式已经行不通了。但是在这个过程中，人们已经变得顽固，不求上进，同时还会害怕周围的一切变化，就像不能适应环境变化的恐龙一样，最后走向灭绝。显然，那些勇于尝试各种新的方法，乐于冒险，喜欢进步，喜欢试验且善于变通的人，往往更能适应环境的变化。

那么，我们如何避免让自己的生活陷入复制中去呢？

首先，我们可以在生活方式上尝试进行创新，或者创造出一些新的想法，想人之未想，做人之未做。每个企业都不喜欢那些墨守成规的员工，因为员工的创造力和创新能力才是企业发展的永恒动力。试想一下，如果员工只是抱着坚守本职工作岗位的态度，因循守旧，缺乏创新精神，这个企业也不会持续经营下去。所以，我们不妨在工作中做一个可以经常提供新意的员工，改变自己目前的处境。这样一来，你很快就会发现，自己已经引起了老板的重视，升职也许指日可待。

其次，我们不妨学着去开发自己的潜能，在开发的过程中去打破旧有的生活格局。须知，每个人的潜能都是无穷大的，只不过有的时候，它被现在的平庸所掩盖。如果我们具备风险意识，就会变得无所畏惧，从而变得勇于探索和实践，这样一来，我们的潜能才能得到更大的发挥。

最后，我们还要学会不断地去更新自己的思想，紧跟上时代的变化。唯有尝试着经常去更新思想,才能让自己的生活时时有新意,天天有惊喜,才能更加充分地享受到人生的喜悦。年轻人走向社会,更需要一种创新和冒险的思维。只有这样,自己的才华、能力,通过不断创新,不断地克服一道道难关才能锻炼和展现出来,从而让自己的人生步入一个更高的台阶。

毕业了,要对自己的健康负责

谈到养生和保健的话题,可能很多的年轻人不以为然,他们觉得这些是老年人关心的事情,与自己无关。其实,越是年轻人,才越是应该对自己的健康负责。我曾经在酒桌上见到过不少贪杯如命的年轻人,他们不爱惜自己的胃,常常喝得烂醉如泥,长期这样下去,自然会损害自己的身体健康。还有一些年轻人具有一些不良的生活习惯,比如说抽烟,他们的肺会因此而饱经折磨……也许有一天,这些年轻人不得不去医院看病的时候,才意识到健康的可贵。

古语说得好,"年少不知身体贵,老来大病空流泪。"这句话的意思是说,有很多的人非得等到了有病,甚至到了危重的阶段,才开始着急。其实这样的做法是错误的。

我们虽然不能长生不老,也不能保证自己不生病,但至少我们需要为自己的健康负责。我曾听说有些人年纪轻轻就患上各种慢性病,比如胃病,由于不注意保养,越病越重,最后不得不求助于医生,既花费了许多金钱,而且也浪费了自己许多宝贵的时间,得不偿失。

林海有一个不良的习惯,那就是爱抽烟,有的时候,他一天可以抽一包烟。虽然家人多次劝阻,他却不听。后来交了女朋友,在对方的劝告下尝试着戒烟,结果却难以坚持下去,最后不了了之。一年一年过去,林海的肺部终于出现了病变,当他得知自己得了肺癌的时候,这才痛悔当初没有听从别人的劝告,以致造成了今天的这个结局。可惜事情已经没有了转机,后悔无益。如果当初他懂得珍惜自己的健康,恐怕不致如此。

曾听有人讲过,人的身体健康就像是一个"1",而事业、金钱、社会地位、幸福,这些都像是"1"后面的零,如果没有了健康。那么这些零没有任何的意义。我们不能为了得到金钱,去透支自己的健康。这话说起来简单,却是颠扑不破的真理。

现在,人们越来越注意保护自己的身体健康。身体是本钱,有了健康的身体,我们才有精力去做自己想做的事情。越是发达国家,情况就越是如此。比如说，美国人的健康意识就很强。他们非常注重自己的身体健康。在他们看来，注重自身健康是对自己家庭负责的态度，同时也是一种家庭义务。这种观点听起来是不是很新鲜？

事实上，美国人也遵循一定的健康法则，比如说多吃水果蔬菜，在日常生活中要保持开朗达观的心态，及时去医院参加体检。这些健康的生活方式可以防止癌症、心血管疾病等多种大病的发生，对于我们年轻人而言，同样也值得借鉴。

那么，我们要想保护自己的身体健康，应该从哪一方面做起呢？

首先，我们要让自己的饮食品种丰富，讲究科学搭配。也许我们的生活不会特别讲究，不可能天天吃大餐。可是，即便是简单的饭菜，也要注重营养。大家都知道，西方人以肉食为主，但他们并不仅仅吃肉，而是经常在肉类中搭配土豆、洋葱、西兰花等蔬菜，而且品种和数量都很多。事实上，这些配菜往往是预防癌症最有效的蔬菜。这样的生活方式，我们不妨加以借鉴，在日常的三餐中，多吃一些蔬菜。据专家解释，大量摄入果蔬有两大好处，第一就是可以保证肠道有足够的粗纤维帮助蠕动，促使人体进行排便，减少废弃物在肠道中的停留时间，进而达到降低肠道疾病，特别是大肠癌的发病率的目的。第二是果蔬里的维生素 C 具有非常强的抗氧化的作用，属于抗癌佳品，它对身体各个部位的健康都有好处。此外，美国人常吃的黑巧克力、喝的咖啡都有抗氧化、抑制癌细胞的作用，我们不妨向他们学习。

其次，我们要注意经常锻炼身体，养成良好的锻炼身体的习惯。早上起来跑跑步，晚上出去散散步，多参加一些体育运动，对保护自己的身体健康，绝对可以起到重要的作用。

再次，还要学会保持心态乐观。良好的心态可以提高人体的免疫力，它同样是对抗疾病的杀手。有些人天生喜欢忧郁，于是屡屡把事情往坏处想，这样的人，往往会很容易生病。有位医学专家这样说过："每个人体内都有肿瘤细胞，为什么有的人很不幸得了癌症，有的人却没得？那是因为免疫力消灭了肿瘤细胞。一个人如果具有开放、开朗的性格，则可以提高人体免疫力，对消灭蠢蠢欲动的肿瘤细胞和防治大病是绝对会有好处的。"

最后，我们还要按时去医院体检，这样一来，很多大病都能早期发现。可能很多的人并不知道，作为生命的头号杀手，1/3 的肿瘤可预防，1/3 可以早期发现，从而可以避免很多的不幸发生。只有树立起正确的爱护健康的态度，并在日常生活中切实地去做，才能实现寿而康的目的。

个人形象就是品牌

　　一个人的外在形象，无论是对其生活，还是对于工作，所发挥的影响力都是非常大的。它是别人对这个人的总体认知。如果这个人的形象好，那么相应的品牌就好，而且还能给自己带来稳定的收益。大家都喜欢和诚实可靠的人打交道。如果一个人的外在形象给人留下沉稳可靠的感觉，无疑是受别人欢迎的，而且这种沉稳就是他的"品牌"，以后人们也会冲着这个"品牌"与之交往。

　　我曾经亲眼在一个社交的场合看到过这样的情景：有个年轻人去参加聚会，自己竟然因为没系好皮鞋的鞋带，不小心摔了一跤。当时，大家出于礼貌都没有人笑他。可是他自己却非常尴尬，那种表情让人终生难忘。

　　我想，这样的情况是每个人都不想发生在自己身上的吧？在生活中，一个衣冠齐整、举止优雅的人，往往比一个穿着不讲究的人更具有吸引力。我们自己也是如此。当我们接触一个陌生人的时候，往往是从对方的外在形象开始的。从某种意义上来讲，外在形象就是一个人的品牌。它就是一个人的名片，通过一个人的外在形象，可以探知一个人的气质、性格和内心世界。比如说，一个人如果对衣着缺乏品位，对自己的行为缺乏控制，那么他在工作和生活中，往往很容易处于下风，因为这样的人通常都缺乏自信心，不懂得如何驾驭自己的生活。

　　大家都知道，在一些特殊的机构中，人们的着装都很严肃，比如说政府机关或者司法机关等，那里的工作者的服装具有特殊的意义。我们从他们的着装上，就可以感受到一种庄严的气氛。而一些演员或者娱乐圈的人，则往往通过一些奇装异服来表现自己，这些人往往敢于标新立异，让自己鹤立鸡群。

　　曾经有一位朋友去参加宴会。由于当时接到通知时有些晚了，他也没有来得及准备，直接下班后就赶了过去。当时，他身上穿了一件很普通的衣服。天气很热，他走路多，又出了一身汗。当他走到饭店门口的时候，整个人显得很是疲惫。站在大门口的警卫看到他的样子 就问了他几句，直到他拿出了宴会的请帖，这才放他进去。快到电梯门口的时候，他怕大厅里的警卫盘问，就想躲着走过去，谁料这种畏缩的神态引起了对方的怀疑，对他进行了严格的盘问。直到朋友赶过来解释，这才放他离开。说到底，还是他的外在形象不佳才引起了误会。真是让人哭笑不得。

　　所以说，不同的人外在形象不同，传达给别人信息也不尽相同。著名的成功人士卡耐基曾经说过这样的话："良好的第一印象是登堂入室的门票。"由此可见，如果我们能够做到给别人留下良好的第一印象，无疑在今后的生活中为自己树立了良好的品牌。

那么，我们如何才能做到这一点呢？

首先，我们要注重自己的外在形象，比如说，如果是男士，最起码要为自己准备几套得体的西装。不妨为自己准备浅蓝色及浅灰色各一套，浅黑色的也不错，这会令你显得更具有威严，显得庄重大方。服装的质量，我们不必苛求太过于高档，但至少要达到整洁、笔挺的效果。此外，要注意自己的头发一定要经常修剪，要保持整洁，注意不要有头皮屑，更不要蓄披肩发和其他怪发型，以免引起别人的反感。如果是女生，要打扮得朴素大方，适当地化妆，不要化浓妆，更不要穿性感暴露的衣服。

大家都知道，现在很多的商品都讲究包装。如果包装精美考究，或者得体漂亮，就会很受消费者的欢迎。其实人也是如此，举例来讲，一个女人如果在谈生意的时候，穿上一件华贵的晚礼服，显然是不合时宜的，会让人觉得炫耀。但是如果换一套得体的职场套服，则会显得体面许多。

其次，我们与别人交往的过程中，一定要注意自己的态度，要显得热情友好、庄重大方。有的人费尽心机，却一辈子没有什么成就；有的人无论办什么事都显得得心应手，左右逢源，不得不说，这与个人的处世态度有着很大的关系。我们经常会听到有人说，这个人不错，那个人不行。其实说到底，还是态度的问题。如果我们对别人以诚相待、友好热情，无论走到哪里都会受欢迎的。这藏在其中的奥秘就在于这个人的整体"形象"起了举足轻重的作用。

试想一下，一个举止潇洒、神采奕奕、洋溢着生命活力的人，无论走到哪里都会像一缕阳光，让人心生向往。人们会被他非同凡响的气度所吸引。而一个举止猥琐、说话结结巴巴、透着胆怯和自卑的人，往往会引起别人厌恶。

也许有的人会说，我长相平平，没有英俊潇洒的外表，或者说没有妩媚动人的容颜，又怎么会受到大家的喜欢呢？事实上，人的外貌是天生的，除了整容之外，我们没有别的办法改变。可是我们却可以培养自己的风度和气质。它比美丽的面孔更具有魅力。须知，外在的形象模仿很难奏效，因为它是一种精神上高度的洒脱，是个人魅力的体现。有的人也许长得不帅，可是他如果热情大方、泼辣干练、敏捷潇洒，同样也可以受到所有人的欢迎。

另外，我们还要做到朴实自然，这就是一个人的风格问题。谁都喜欢有亲和力的人，可是这种亲和力不是天生的，而是后天培养出来的。我们如果能够在与别人的交往过程中展现出自己的善良、热情，对待别人的时候拿出自己的真诚来，自然会获得好人缘，在别人的心中留下良好的印象。

从虚拟走向现实

在现实生活中,有的人想得比较远,这并没有错,但是前提是必须得脚踏实地。在事情没有做成之前,一切的设想都是虚拟的,从虚拟走向现实,还有很长的一段路要走。现在,有很多的年轻人大学毕业后显得"轻飘飘"的,他们觉得这社会上的一切都是自己理想中的模样,可是当幻想与现实碰壁的时候,也许才意识到,现实是残酷无情的。

有的年轻人急功近利,只讲速度,不讲质量,看不起眼前的小事,认为眼前的一切距离自己太远,做不出什么名堂来。他们幻想着能找到更能激发自己兴趣的事情来做。还有的人更是喜欢异想天开,天天生活在自己的虚拟世界里,缺乏对社会的感性认识。还有的年轻人,把从报纸、书籍甚至电视上看到的一些经过艺术加工的桥段拿下来,应用于生活当中。这样的行为是极其可笑的,更不可取。

梅晓月在大学毕业的时候,去参加报社的应聘。当时,大家都在规规矩矩地排队,她却东张西望,准备玩一些别出心裁的小花招。

梅晓月曾从电视上看到过这样的情节,就是在面试结束之后,把自己的身份证故意遗落在现场,然后装作回去取的样子,借机与主考官套近乎。她准备依法炮制。

面试那天,当轮到梅晓月进入办公室的时候,主考官只问了她几个简单的问题,面试就结束了。梅晓月悄悄地把自己的身份证丢在了面试的办公室里,然后离开了。

当面试结束的时候,面试官正在收拾东西,准备离开办公室,梅晓月突然闯了进来。面试官感到很奇怪,问她有什么事吗?

梅晓月说道:"我的身份证落在这里了。"接着,面试官陪着她一起找。两个人在一堆材料里找了半天,这才找到了她的身份证。

面试官生气地说:"原本这项面试工作结束之后,我还有下一项工作等着安排,你这个人丢三落四的,给自己带来麻烦不说,还浪费了我很多的时间。"

说完这些话,面试官气愤地离开了。可想而知,梅晓月肯定没有被录取。

梅晓月的错误,就在于她把虚拟与现实混为了一谈。她觉得电视中虚拟的这些东西,可以搬到现实中来用。结果反而遭到面试官的谴责。

须知,我们的生活不是电视连续剧,那些传奇的情节距离我们的生活实在是太远太远。有上进心，懂得学习是没错的，关键是一定要根植于现实生活中，不要太过于沉溺于虚拟的世界里。

作为一些刚走向社会不久的年轻人，让自己沉下心来进入角色是非常重要的，因为只有每天让自己变得成熟一些，才有可能尽快从虚拟的世界中脱离。

我记得自己小的时候，才十来岁，同伴们都在学习骑自行车，可是我却不着急。当舅舅问我，大家都会骑自行车了，你怎么还不学习？我笑着说，我要学习的是开汽车、飞机、轮船，我才不学骑自行车呢！当时把舅舅一下子就逗乐了。

其实，那时候的自己还沉浸在虚拟的空间里。我想的只是从书中看到的情景，而不是实际的生活情景。这样的想法，当然是孩子气的。只不过小的时候可以这样想，长大了却不能一直这样想。

林悦刚开始大学毕业的时候，一心想建一座美丽的宫殿，就像童话里所讲的那样。他进入一家建筑图纸设计公司之后，就寻找机会准备实现这个愿望。这天，他接到一个关于售楼部的设计任务。他感觉自己灵感来了，于是便按照宫殿的样子设计好了交给客户。客户看到之后，勃然大怒。"这图纸上的样子根本与我们的要求不搭边！这是什么怪样子，不伦不类的，还弄一些尖顶和拱门，搞得像小孩子玩的积木。你们的设计师是不是从来没有学过设计，搞什么鬼名堂？"客户的这一番话让林悦羞得无地自容。当然，结果可想而知，林悦被经理狠狠地罚了一笔奖金。

林悦的想法就是过于天真。他还陶醉在自己的虚拟空间里。去盖宫殿是童话里才有的事情，显然，是难立足于现实的。如果他当时意识到这一点，就可以沿着系统的专业训练道路一直走下去，在原来的工作岗位成长起来，这样一来，他才有可能有出头之日。只是，他的前途让自己的天真毁掉了。

有很多的年轻人初步走向社会，对社会没有理性认识。有的人会过于美化自己的生活，有的人会过于理想化，还有的人根本没有实践的经验，却根植于想象当中。在现实社会中，如果没有清醒的认识，往往很容易就会让自己处于尴尬的境地，这并不是我们所期望看到的。

在我们的生活中，输得最惨的往往是些自以为聪明的人而不是笨人。原因就在于这些人总是抱有不切实际的幻想，沉浸在自己的虚拟空间里不想醒来。有的人则总想着要小聪明，投机取巧，认为可以凭借一些小手段获得成功，这些都是不可取的，而这些人也往往因此而输得很惨。这就好比我们在人生的路途中会看到许多山峰，但你不可能接触到每一座山峰，我们要明白，自己生活在什么样的现实社会里，才有可能让自己活得更好，更潇洒。

尽可能地多见世面

人们常说学校就是个象牙塔，它是一个相对而言比较封闭的环境。因此，当大学生们毕业后走向社会的时候，就会感觉到眼前的世界很奇妙，很新鲜，眼界也随之变得开阔起来。只不过，要尽可能多地见世面。

我记得自己刚上大学的时候，由于从小生长在南方的城市里，从来没有出去过。所以，当放假的时候跟着同学们一起去郊外农村时，感到非常新鲜。后来，又去看了农作物收割的情景，感觉相当不错。

大学毕业后，我来到北方工作，第一次来到北京，看到这个人文荟萃的地方，心中的感受几乎无法用语言来进行描述。后来，随着工作的需要走南闯北，经历了太多太多的事情，思想境界也随之加以提高，更加深刻地感受到，多见见世面还是有好处的。

首先，如果我们整天生活在一个封闭的小圈子里，就会变得见识狭隘起来，甚至变得落伍，跟不上这个时代。生活中，虽然时钟可以声音单调地响下去，可是我们不能让自己永远生活在一个小圈子里，把日子过得像数扑克牌一样，一遍又一遍，这样的生活该有多乏味啊！

人类的认知都是受环境局限的，有的人很难超越自己所处的环境，所以，如果我们能经常出去多见见世面，多去一些的大城市，先进发达的地方，人的才能也会得到迅速地增长。当然，这里的见世面并非单纯地长见识，而是更深入的学习和了解。现在，许多大学毕业生毕业之后扎堆北上广，并不是说他们在那边能够生活得更好，而是因为很多人想利用北上广这个大平台，去见识更多，学习更多。

赵涛大学毕业后，放弃了在家乡的小县城里当一名悠闲自在的小职员，而是跑到了北京上班。他从一家公司的最基层开始干起，潜心地学习该公司的管理，待熟练掌握这些技术之后，重新回到了家乡，创办了一家企业，并将学习到的管理方式引用到这家公司中，最终将生意经营得红红火火。如果不是去北京见了世面，赵涛显然不可能取得如此骄人的成绩。

赵涛的经历并非个别现象。有很多的年轻人就是因为见识多，经历丰富，这才在事业上有所发展。

我有很多的朋友在深圳工作，生活了几年之后，有很多的人都回自己的家乡去创办公司，而且他们发展得都相当不错。这主要是因为他们在深圳开阔了视野，回内地自然就显得先进。

当人出生的时候，其实相互之间的智商相差并不大，但是有的人就显得很聪明，这主要是因为他们接触的东西较为先进造成的。比如说，如果一个山区长大的孩子，智商很高，但是从小到大在山区里成长，自然没有城市里的孩子见多识广，这种差距随着年龄的增长而逐步增大，渐渐地便开始显山露水。

人的所见所闻会让自己的思想变得丰富起来。如果总是不去见世面，思路就会变得狭窄许多。

陈明上大学的时候，学习的专业是服装设计。由于他毕业于名牌大学，所以工作并不难找。可是他却立志要去米兰——服装时尚之都。这让很多的人感到不理解。那里的竞争多激烈呀，尤其像他这样名不见经传的小设计师，要熬到什么时候才能出人头地呀？可是陈明决定了的事情，就是父母去劝也不能改变。他历尽千辛万苦去了米兰，然后在那儿从设计师的助手开始做起。每天跟着别人奔波，有时去见客户，有时去看最新的时装发布会，有时去选各种服装面料……他觉得自己像个轮子一样整天转个不停。虽然他的收入非常少，勉强够维持自己的生活。但是他却通过这段时间深入的学习，了解到许多知识，体会到了设计师的灵感、品味来自于哪些方面，他们又是从哪个角度思考问题、解决问题的。而这些见识为他日后成为一名出色的设计师奠定了稳定的基础。

生活中有很多像陈明这样的人，他们由于经历得多，见识得多，思维也开始变得更加开拓，看问题的角度也变得多向化，因此他们会变得很有头脑。人的经验和智慧大部分都是在生活中一点儿一点积累起来的。见的世面越多，就会显得越聪明。现在，很多的人喜欢送自己的孩子去国外留学。我认为这是一件绝对的好事。出国留学不仅可以学到很多先进的知识，接受国外先进的教育，而且还会因在发达国家生活而增长见识，那些所见所闻会让我们变得更加聪明。

我们国家未来的技术发展方向肯定是要向发达国家看齐。这种情形就好像是站在山顶上，去看其余的登山者，你会很快地发现，哪条路是捷径，那条路最容易攀登。可以说，多见见世面就好像让我们站得更高了，只有站得更高，才能看得更远。

这个道理说起来真的很简单，别人比你聪明，除了天赋之外，有相当一部分原因是别人见多识广，所以你要想聪明，就要多见世面。因此，我们不妨趁着自己年轻，多去发达的城市游历，多接触一些新鲜的事物，这对我们的未来发展是相当有益的。

离开才能成长

　　蒲公英是大家都喜爱的一种植物。它的种子成熟之后，会在风力的作用下，离开母体，飘到很远的地方。来年春天，它就会在这里生根发芽，然后生长成为一株新的植物。蒲公英的种子成熟之后，必须离开母体才能获得新生，而我们人类也是如此。我们这些年轻人，如果一味依靠父母，显然很难获得独立。必须要学会离开后独立生活，才能让自己迅速地成长起来。

　　科学家们曾经做过这样的试验。他们发现有一些靠枝条繁衍后代的植物，如果让具备单独生长条件的枝条离开母体，它们会大大加快成长速度。事实上，人类也是如此。

　　我们可以试想一下，如果有两个年龄相近，性格相近，生活能力水平也差不多的孩子同时上了初中。他们有一个选择住校，另外一个选择走读，那么时间长了，哪个孩子的成长速度会更快呢？显然是住校的这个孩子。因为离开了父母，他只能依靠自己，比如说，洗衣服要靠自己的双手；写作业要尝试着不在父母辅导下也能独立完成……时间一天天过去，两个孩子之间的差异也会越来越明显。

　　同理，我们年轻人也是如此。如果我们天天守在父母身边，就会在无形中产生一种依赖性。我们会在做事的时候听取他们的意见，遇到困难的时候请求他们的帮助，有什么问题自己解决不了的时候，首先想到的不是自己如何去解决，而是父母能不能帮上自己的忙。反之，如果我们离开父母，选择独立生活，那么同样的情况下，就会鼓足勇气向前，靠自己的力量来接受人生的各种挑战。与此同时，我们还能享受到巨大的满足感。

　　在生活上是这样，同理，在工作问题上也是如此。我记得自己当初大学毕业刚参加工作的时候，进入的是一家小公司。这里只有几个人，同事们的关系都很融洽。在工作的时候，也能通力合作。不过，由于公司实力并不是很雄厚，所以开出的薪水很低，工作也没有什么难度。我每天在做完这些简单的事情之后，常常会想，难道这就是我想要的生活吗？虽然它安逸轻松稳定，可是却让我感到越来越懒散，失去了继续奋斗的勇气。于是，我开始渴望着改变。机会很快就来了，我在人才招聘网站上看到一个非常适合自己的职位，这个职位是一家大公司发布的。上面罗列的要求我恰好都符合。在经过深思熟虑之后，我决定跳槽。当时，总经理极力挽留我，他希望我能继续留下来，甚至给我开出了加薪水的条件，但是却被我拒绝了。

因为我渴望更多的挑战，希望能有更大的空间来让自己发挥。事后，我发现自己的决定果然是正确的。新的公司让我学到了更多的知识，有机会接触到了更多的职场精英，而且还让我的薪水提高了许多。如果当初不是选择离开，我想自己是不会有今天这样的成果的。

谈到离开，可能有很多的人会感到不舍。在这里，我想引用一个关于猴子变成人的寓言。有只猴子想变成人，但是神仙对它说："你必须要砍掉尾巴才能变成人。"在这个寓言里，猴子要想实现自己的伟大目标，必须学会失去，虽然失去很痛，但是为了将来得到的更多，它只能暂时忍受。

同样，我们要想获得更多，就要懂得放弃。无论是离开家人还是离开自己工作的公司，我们都要明白，眼前的付出是为了将来获得更多。现在的离开就是为了将来更好地成长。

在当今社会，很少有人会在一份工作上干一辈子。无论是主动离开还是被动离开，都是一种必然的趋势。特别是年轻人，二十几岁正是跳槽高峰。有些人即便很喜欢现在的工作，也总是在寻找更好的机会，这是因为，他们想给予自己更多的成长空间。现在，公司里的人事变动都很频繁，那些熬年头等机会的事情，已经是老皇历了。有为的年轻人，都会选择主动寻找，这样可以直接升职、加薪。更重要的是，在这个过程中会加快我们成长的步伐。

当然，如何离开，为什么离开，怎样才能让自己的离开更具有价值，也是值得我们深思的。具体来讲，我们可以从以下几个方面做起：

首先，我们在选择离开的时候，一定要考虑成熟。比如说，我们要离开自己的公司，换一份新的工作。在跳槽之前，一定要想明白新工作和原来的工作有什么不同，两者之间究竟有何差别，新职位是否更有利于自己实现职业目标？自己会在这次离开的过程中学到什么、懂得什么、收获什么？想清楚了这些问题，就可以行动了。

其次，如果我们频繁地选择离开，不妨静下心来想想，到底是哪里出了问题，是自己的工作出了问题，还是自己本身出了问题。如果我们在选择工作的过程中，总是不满意，而且频繁的离开并没有让我们收获意料之中的东西，那我们就要认真想一想了，是不是自己的做法出了问题。

最后，一旦下决心离开了，就要立刻行动。但是一定要记住，在行动之前，要做好充分的准备。如果有猎头公司来挖你，那当然最好不过了。但是，在大多数的情况下，这种幸运的事情是很难出现的。我们可以自己主动去争取。比如说，我们可以在平时多关注一下，自己所在的公司内部是否有新招聘机会，一旦发现某个职位很吸引你，不妨尽快跟相关主管联系。为了提高成功的几率，尽量跟尽可能多的高级主管保持接触，了解他们的团队最近都在做什么。

此外，在离开的过程中，我们还要注意，千万不要得罪自己现任的上司，更不要敷衍当前的工作，否则的话，一旦这些事情传到你就职的下一个公司里，你会发现，自己的路越走越窄了。此外，我们还有一点要牢记，之所以选择离开，纯粹是为了多学习，提高业务能力，是为了更好的成长！因此，所有的行动都要围绕这个中心展开，切忌得不偿失。

及时总结经验和教训

金无足赤，人无完人，因此，在生活中，我们有可能会犯错，做出错误的决定。犯了错不要紧，最重要的是，我们能够及时总结经验和教训，避免导致再一次的失败。事实上，有很多的成功者，都是从失败和错误中获得教训的。

在生活中，有很多的年轻人一旦犯了错误，往往会感到愧疚、后悔，让痛苦不断地折磨着自己，却没有想到如何去应对未来的日子。这样的人往往心理不成熟。

如果我们换一种思维角度，在遇到失败的时候及时吸取教训，让自己避免下次犯同样的错误，那么事情就会向有利于我们的方向进行转变。要知道，只有愚蠢到不可救药的人才会在同一个地方被同一块石头绊倒两次，这样的人也不会从失败中把握未来，更不可能实现命运的转折。

如果一条路很难走，让你跌倒过多次，还差点遇到生命危险，那你下次还会经过它吗？当然不会。没有谁愿意把难走的路再重新走一遍，更不会有人希望自己屡次犯同样的错误。所谓活到老，学到老，我们的一生都在错误中不断学习。这个世界上没有十全十美的事情存在，犯错是不可避免的，可是，如果我们及时总结经验教训，至少可以让错误变得更少一些。

众所周知，那些成功者始终都在用一种最积极的态度去学习，他们总是以最乐观的态度去思考，在面对自己犯下的错误时，同样也不会例外。只有不断地学习，才能及时总结前辈留下的经验，才能做到不再"重蹈覆辙"，获得更多富于智慧的方法。

乔伟在刚刚参加工作的时候，部门经理给他布置了一项任务，让他做一份财务报表。乔伟完成工作任务之后，便轻松地把这份表交上去了，然后等待上司的审看结果。第二天，上司找到他，指出了表格中的几处错误，并且提醒他，以后做表格的时候一定要认真些。

乔伟却不以为然地说："经理，我又不是计算机，怎么可能在做这些事的时候不出一点儿错呢？再者说了，这上面的许多数据还是其他部门提供的，表格上有错误，并不是我一个人的责任啊！"上司听了，非常不高兴。他认为乔伟这样说完全是缺乏责任感的表现。

上司批评了乔伟几句之后，他还是不服气，说道："我做了呀！我努力了呀！我已经尽力了，我检查了好几遍才交上去的。"可是没过几天，乔伟再一次写错了表格，他又信誓旦旦地表示，一定尽职尽责地工作，只不过将责任挂在嘴上搪塞一番，依然我行我素。这样自然会引起上司的不满。结果还没有到月底，乔伟就被公司辞退了。

乔伟的事情值得我们引以为戒。一个人成长的关键并不在于他掌握了多少知识，富于多高的智慧，而在于他是否能从失败中总结经验教训，然后继续前进。大家都记得高考前的那段日子吧。在高考前，我们总是要做大量的练习。每次考完试，如果自己不是满分的话，总会有一些习题出错。如果我们每次把那些出错的习题挑出来认真分析，好好学习，那么这样的错误我们下次就不会再犯。日积月累起来，我们做错题的概率就会小许多。如果我们做错了只是"哦"了一声，那下次遇到同样的题，还会再犯同样的错误。

在现实生活中，道理也是一样的。我们只有及时准确地总结失败的经验，才会距离成功越来越近。年轻人走出校门参加工作，毕竟经验不多，犯错的几率也很高。犯错的过程，实质上也是经验积累的过程。我曾到工厂里参观，在车间里，那些熟练的师傅在操作机床的时候，会尽可能少甚至不出残次品，可是新工人就不一样了，他们出残次品的次数比较多。不过，随着一次又一次工作经验的积累，他们的操作水平会越来越高，技术也会越来越好。这是因为他们在出残次品的同时，也渐渐摸索出如何避免出现这种事情的经验。我们的人生也是如此，错误承认得越及时，越能更快地、清晰地找到失败的原因，就越容易改正和补救，损失就自然能降到最低，而在这个过程中，我们的技术也会变得越来越好。

曾经有个律师说，如果当初我不是因为自己的错误输掉了一场官司，我也不会像今天这样变得精明能干，每次都认真地研究案情，分析法律条文。由此可见，当初的错误让他收获了许多，甚至养成了伴随自己一生的好习惯。

当然，没有谁希望自己在生活或者工作中犯错，这是人之常情。我们虽然怕犯错误，但也不能因为这一点就裹足不前。我们不能因为怕犯错而老是在原地踏步,这样就会丧失进取心。

那么,具体来讲我们应该如何去做呢?

首先,我们面对犯过的错误不要灰心丧气,要树立起强烈的进取心。这样一来,就可以增强我们对挫折的耐受力,还吸取了很多的竞争经验,学会了一些竞争技巧,提高了竞争的能力。

其次,当我们面对失败总结经验教训的时候,一定要客观而公正,多从自己的身上找原因,而不是把所有的责任都推到别人的身上。

最后,要培养良好的竞争心态。要明白错了不要紧,重要的是如何吸取经验,重新参与竞争。而不能因为犯错受到打击就一蹶不振。只有那些心理承受力差的人,才会悲观地逃避错误,这样的人,注定将来一事无成。

拒绝拖延症

在日常生活中,我们大部分人都喜欢做事的时候从容易到难,从自己喜欢的事情做起。而自己不喜欢做的事情,则往往会找好多借口进行拖延,久而久之,就患上了"拖延症"。

拖延是阻碍我们提高工作效率的最大杀手。可能有的人会说,这件事情我自己实在不喜欢去做。事实上,最真实的原因是自己并没有能力把当前的事情做好。这样一来,往往就会形成一种循环,越不愿意做的事情就会拖延着不做。如果实在被逼急了,时间紧迫时,就会处于敷衍应付的状态中,草草完成了事。这样做,自然谈不上做事的质量,更无法提高自己的能力。而最终我们也不会得到更好的发展机会,还得继续做自己不喜欢的事情。在这样的恶性循环里,我们很难出人头地,做出一番轰轰烈烈的业绩来。

如果换一种角度来进行思考,改变我们喜欢拖延的习惯,就可以高效率地完成手上的事情。这样一来,我们就可以空出更多的时间去做自己喜欢的事情。或者我们可以利用这些多出来的时间,想办法去钻研学习,提高自己的能力,慢慢地掌握一些要领,让自己在工作的时候更加得心应手。如此我们就会提高自己的工作能力,慢慢地培养出对工作的兴趣。那些不喜欢的事情,也许就会在这个过程中变得可爱起来,至少,我们不会像之前那样讨厌这些事。

我有一个朋友是位编剧。他最初在写剧本的时候,非常讨厌写那些枯燥的对白,更讨厌去写一些自己根本就不喜欢的题材。他觉得碍于剧本的表现形式和要求，很多的内容都受到了限制，阻碍了他的发挥。于是，每当签约方催着他写剧本的时候，他总是往后拖稿，写东西很吃力。越是这样，他的剧本写得就越糟糕，甚至到了后来，再也没有人找他写剧本了。

后来，迫于生计，他开始研究那些名人的作品，追着看当前最火的电视剧，研究剧中人物的对白，慢慢地，他掌握了一些要领，并在不断地摸索中变得熟能生巧。当他好不容易接到一个编写剧本的任务时，立刻把自己酝酿了许久的精力爆发出来。就这样，这部花了他很多心血的剧本终于问世了，在播出之后，引起了很大的反响，以致后来电视台又多次重播。接下来，有很多的人找他约稿。他终于可以写一些自己喜欢的题材类型了。只不过从那儿之后，他渐渐改掉了拖延的坏习惯，行动变得高效起来。

现在，我的这位朋友已经在电视台有十来部电视剧作品播出，引起了很大的反响。我们不妨向他学习，尝试着改变自己拖延的恶习。须知，时间是人生最宝贵的财富之一。如果我们与时间进行友好合作，就会收获许多，比如说高效率的工作，就是如此。相反，如果我们沦为时间的囚徒，有可能会一拖再拖，拖延到底，最后还有可能耽误大事。

试想一下，如果医生喜欢办事拖延，那么有可能病人会因此而错过最佳的抢救时期；如果工人进行拖延，有可能会耽误后面的工作；如果学生进行拖延，有可能会在深夜还没有完成作业……拖延在一定条件下，就会变成一头尖牙利齿的怪兽，给我们造成很大的伤害。因此，我们一定要改变这种坏习惯，学会如何去高效率地利用时间，那才是我们生活的最高秘诀。在生活中，有很多的人对时间的感知是错误的，他们总觉得时间是无穷无尽的。今天过去了，还有明天；明天过去了，还有后天……却不没意识到，"一生待明日，万事成蹉跎"。这可是古人都明白的道理。

古希腊著名的思想家苏格拉底曾经说过这样的话："当许多人在一条路上徘徊不前时，他们不得不让开一条大路，让那些珍惜时间的人赶到他们的前面去。"由此可见，珍惜时间的人往往能更快地取得成功。

可能有的人会说，我不是故意拖延时间的。主要是因为我很难专注地坚持不懈地做好眼前的事情，所以才会拖很久。确实，对于普通的人来讲，长时间沉浸在一件事情里，可能稍有些难度。除非这件事情特别吸引我们，否则的话，很难让自己在这件事上面保持高度的兴趣。

面对这样的情况，我们如何改掉拖延时间的毛病呢？

首先，我们可以将时间划分成若干个小段，分阶段来树立目标。比如说，我们可以以15分钟为一个单位，每过15分钟，应该完成哪些工作内容。这样一来，分期分批地把事情做过，就不会觉得任务艰巨，更不会觉得时间漫长了。而且这样一来，我们会有一种紧迫感，会主动地加快办事的速度和效率。

其次，我们要学会静下心来，沉入到事情的本身中去，尽最大的努力培养对它的兴趣。比如说，我们看电影的时候，可能看一个多小时还会觉得时间太短，意犹未尽；可是我们在工作加班的时候，可能会因为急于回家而感觉眼前的几分钟很漫长，要等很久。可是，如果我们沉下心来，这种感觉就会消失，不管我们喜欢也好，不喜欢也好，不管我们是不是觉得这件事情令人讨厌，只要我们静下心来去做了，这种不好的感觉就不存在了。到时候，自然也就不会产生想拖延下去的想法了。

第四章

求职面试是门技术活，你要懂得步步为营

决定毕业后就业，就要认真应对，无论是做简历、面试还是选择工作，都不是纸上谈兵的流程，中间的技巧一定要用心体会。酒香也怕巷子深，是个人才也需要懂得推销自己。当然，先决条件是要有目标，决定好求职方向，才能瞄准招聘公司的靶心，一击即中。

本章导读

● 简历不可敷衍了事

● 求职最忌"广撒网"

● 修饰弱项，凸显强项

● 面试说话，"宁慢勿快"

● 克服"密闭"空间恐惧症

● 保持冷静，不卑不亢

● 量力而行

● 最好的不一定是最适合的

● 专业≠职业

● 要有骑驴找马的掌控能力

简历不可敷衍了事

刚毕业的大学生，在用人单位面前，就像是一张白纸一样。由于他们没有从业的经验，因此用人单位也不可能花时间去慢慢地了解他们的所长，那么这些简历就成为了大学生的第一张名片，在用人单位的眼中，这些名片至关重要！

有一位从事人力资源管理多年的朋友曾经告诉过我这样一句话："简历看能力，酒品看人品。"虽然这句话并不出名，却非常深刻，而且在工作中频频得到验证。通常来讲，一个人性格怎么样，一上酒桌就知道；而一个前来应聘的人，各方面的能力往往会通过简历来表现，因此，当我们求职的时候，切不可在写简历的时候敷衍了事。

可能很多的年轻人对此不屑一顾：简历有什么难的，无非就是交代清楚自己做过哪些工作，有什么工作经验而已。在他们看来，面试才是应聘的重头戏，而简历的作用在应聘的时候则显得无足轻重。这种看法并不正确。

事实上，简历是我们工作时要过的第一关。比如说我们是负责招聘的工作人员，每天都要看无数份简历。当这些简历出现在我们面前的时候，我们首先最应该想到的是，眼前的这份简历上究竟有没有我所需要的信息？比如说，你想招聘一位工作经验丰富的工作人员，就会集中精力寻找简历表上工作经历这一栏的内容，了解其相关的情况。而不会在"我曾在学校里获过多少奖"这类的字面上浪费时间。如果刚好有人这样写了，又刚好将有这样内容的简历放在第一页，可能招聘的主考官根本就连看下去的兴趣也没有，由此可见，如何写好简历是一件多么重要的事情。

还有的人虽然工作能力很强，但是在写简历的时候并不是很用心，没有突出地介绍自己的优点和特长。这样没有特色的简历，往往更难让面试官满意。他们会觉得既然连一份简历都做得如此平庸，可能工作的能力也强不到哪里去。这样的看法虽然有几分片面，但却是生活中存在的现实。

看到上面这些话，可能很多的年轻人会觉得心里不舒服。但是我所讲的却是客观存在的现实。如果我们自己真的做过招聘方面的工作，自然就会感同身受。

我记得有一次，有位负责招聘的主考官曾向我讲过这样的一件事情。有一次，他们的杂志社招聘编辑。他曾看到这样的一份简历，在"工作经历"这一栏目中，上注明："策划部文案，主要为公司策划和书写相应的文案。"

他觉得这句话非常可笑，淡得像白开水一样。因为在他看来，这根本就不是什么工作经历，而是岗位的相关描述。这样的话在主考官看来，一点儿价值也没有。

还有一位应聘者在工作经历中写道："我曾担任报社的编辑，负责审读公司报纸各版面的校样，同时按照报社的标准来进行审核和报纸选文的呈送。另外，我还负责为报纸的发行进行建言和献策。"这样的话语同样没有什么生命力。

试想一下，哪一位策划编辑做的不是这些工作呢？罗列这么多繁琐的事情，有意义吗？这些话不过是对策划编辑岗位的描述而已，根本起不到表现自己特点的任何作用。如果你的简历平平，没有什么特色，自然不会反映出作为个体的人，那么在一堆的简历当中，你的简历就很难被主考官所看中。这样的简历，事实上是失败的。

还有的人喜欢在简历中写一些大话、套话。比如说："认真工作，按时完成领导交给的各项工作任务"、"团结同事，与大家友好相处"这样的话基本上都是套话，放在谁的身上都适用，放在应聘任何岗位上都可以。试想一下，这样的话又如何引起面试官看下去的兴趣呢？

那么，我们应该如何写好一份简历呢？

首先，我们要把自己最具有优势的地方展现出来。比如说，有一个女孩子去应聘记者的职位，她很有想法，思维方式很特别，看问题的角度也很独特，此外，她虽然年纪轻，却有着丰富的实习记者的经验。因此，在写简历的时候，她首先把这一条放在了最显眼的地方。面试官看到之后，立刻眼前一亮，第一次给她发去了面试的通知。在面试官看来，她的这些优势恰好是一个优秀的记者所必备的。所以，我们不妨向她学习，尝试着在简历上突出自己最大的优点。

其次，要学会给自己的个人简历起一个特别的名字。可能有的人会说，这有什么意思呀，不就是一份简历吗？那我讲一个故事，看完后也许你们就会明白是怎么回事了。有一位负责招聘的工作人员在打开自己邮箱的时候，感到非常头疼。因为邮寄过来的应聘的简历，好多份的文件名就是"个人简历"。甚至根本没有在标题上注明是谁的个人简历，来应聘什么。这些简历如果下载下来放在文件夹里，很快就会乱了。因此，我们不妨在投递简历的时候，起一个像样点的文件名，这对我们成功应聘是非常有帮助的。

最后，我们的简历一定不能"大而全"，而是"少而精"。大家知道，应聘工作人员的时间是很宝贵的。如果你的简历长达十几页，从中学得过什么奖，在大学里参加过什么社团，再到后来去哪实习这类的事情都详详细细地写下来，恐怕不仅浪费纸，而且根本让对方没有时间和精力来读完，也许这份简历最终的结果只能是被丢到垃圾桶里面。

相反，如果你把简历设计成几页纸，在上面交代一些关键而重要的信息，相信对方一定会感兴趣，甚至会引发约你来谈谈的欲望。

求职最忌"广撒网"

有很多的年轻人大学毕业后感叹，现在就业形势严峻，工作不好找。所以，他们在找工作的时候，往往会采取全面出击的策略，也就是我们通常所讲的"广撒网"。那么这种方式真的可以提高我们应聘成功的几率吗？未必！

确实，有的年轻人对工作的要求不高，总觉得只要找到一份工作，满足自己的基本需求就可以了。当然，找到一份能满足温饱的工作并不难，难的是，这份工作真心是你想要的吗？因此，我们要想改变这种情况，首先就从发放简历的方式讲起。比如说，我们不能采用"广撒网"的方式来投递简历。因为这种简历的投递方式，不仅命中率低，而且还会浪费自己很多的时间和精力。

采用"广撒网"的方式投递简历，有可能为了应对不同的单位需求，把简历做成适合各种职位的样子，这样一来，简历就会变得毫无特色可言，没有针对性，显得你对择业的目标很盲目，你既不清楚自己将来要做什么，也不明白自己究竟需要一份什么样的工作。因而，你就很难会被用人单位所看中。大家都知道，在销售产品的时候，如果你想把一件东西卖出去，就需要说服不同的产品使用者，而这些决定购买产品的人，往往具有不同的想法。他们在进行判断的时候，也往往采用不同的对策。因此，产品必须符合这些人的需求才可以，这样一来，产品就具有平民化的特点。可是如果简历做得千篇一律，没有什么特点，却恰恰只能起到相反的作用。

另外，如果采用"广撒网"的方式来投递简历，有许多的单位纷纷打来电话让你去面试，势必会浪费你许多的时间。与其你没有目标，疲于奔命地去应付一个又一个的面试，倒不如静下心来，专心地对付一两份最有把握的工作。毕竟你的时间和精力有限，就像是谈恋爱一样，最终只能选择其中的一份工作，而不是许多份。由此可见，"广撒网"的应聘方式便不足取。

康明大学毕业的时候，由于求职的经验不足，就采取了"广撒网"的方式来进行简历的投递。为了方便省事，他投出去的简历大都内容相同，毫无特色可言。这样一来，他很难应聘成功。后来，他降低了自己的要求，甚至不惜给一些特别小的公司投递简历。那些小公司接到他的简历之后，纷纷打电话约他去面试，结果他忙来忙去，却发现那些小公司自己根本看不上。就这样他耽误了很长时间，白白错过了招聘用工的黄金季节。

那么，我们如何才能有针对性地进行简历投递呢？

首先，我们在投简历之前，要对自己的职业做出一个具体的规划。比如说，你决定具体要在哪几个行业来就职，主要从事的工作岗位是哪些？你可以把这些岗位有重点有步骤地写出来，然后一一对应着去寻找这些岗位招聘人才的信息。一旦发现这些信息，我们就可以向其投递简历。要注意，在投递简历之前，一定要写上相关的有针对性的内容。比如说公司要招聘一个会计，你可以特别地去突出自己财务方面的特长；如果公司想招文案，你可以在简历中突出自己的写作特长；如果公司招聘的是营销方面的人才，可以重点突出自己的推销才能……千万别小看这种做法，要知道，这些内容才是我们能否"入围"的关键。面对众多的求职者，如果你不占任何优势，对方凭什么要让你胜出呢？所以，做简历的时候，除了内容一定要精彩之外，务必要有针对性。可以说，你的简历只有讨得HR的"欢心"了，才能算是在求职路上踏出了成功的第一步。

其次，不妨提前了解你所应聘公司的具体情况。《孙子兵法》有云，知己知彼，百战不殆。如果我们不了解对方，不知道对方需要什么样的人才，甚至不知道这家公司的主营范围和基本的情况，那么在面试的时候，将会很难与主考官将谈话进行下去。他们会觉得你根本就不尊重这家公司，根本就不了解这家企业，在这样的情况下，你若想获得对方的满意，自然难上加难。

最后，还要注意自己写的简历与所应聘岗位的关联性。据一位人力资源专家讲，他最初在接受招聘工作的时候，每天要处理几千份的简历。这么多的简历要想一眼看完，那么给每一份简历所留下的时间并不多。通常是多少呢？15秒左右！这个数字是不是让你感到很吃惊？是的，也就十几秒钟的时间。要知道，应聘的信息那么多，基本上可以用"海量"来形容了，如果一份简历没吸引他的地方，那么他就会放弃，马上跳开，点击另外一份。在这种情况下，你要是还想跟对方玩点文字游戏，或者写些不知所云的与应聘岗位没有关联的东西，你就应该知道自己的下场会是什么了吧？所以，简历的文字写得再漂亮，不如内容与岗位有关联性重要。如果你不能站在对方的角度考虑问题，不能在第一时间展现自己的优势，突出你为什么能胜任这份工作的理由，那么你就自己把自己淘汰了。

我们不妨依照上述几种方法来设计自己的简历，让自己的简历在招聘人员面前显得更精彩，更出众，这样的简历，相信一定会让你获得一份好工作。

修饰弱项，凸显强项

有很多能力出众，很优秀的年轻人，在找工作投简历的时候，却常常被"枪毙掉"。面对这种情况，我们不妨先进行探讨。

在简历上，阅读的人最关心的莫过于应聘者具有什么样的优势。如果一份简历没有体现出求职的优势，可以说这样的简历是没有什么竞争力的。要知道，越是要求不高的岗位，应聘的人就会越多，当公司挑选应聘者前来面试的时候，自然是哪个标题写得好，哪份简历的内容更优秀，从而选中哪份了。因此，标题怎么写，简历如何去修饰自己的弱项，凸显自己的强项，是非常重要的事情。

如果一个人在某方面比较弱，在自己的个人简历中，他却直白地写出来，这样一来，会给用人单位留下非常不好的印象，从而造成不良的后果。如果懂得稍微修饰一下，效果可能会好得多。因此，如果我们在投简历的时候，如何想办法组织字句，让对方一眼看到你的优势，是非常值得花心思琢磨的事情。

孙兰去应聘总经理助理的时候，她在自己的简历上写下记忆强、办事细心的优势，并且强调自己做事向来井井有条，这样一来，很快获得了用人单位的青睐，要知道，作为一名助理，记忆力出众是非常重要的事情。而孙兰对自己记忆力的强调，无疑突出了她的优势，因此，应聘成功自然不在话下了。

孙兰的成功经验值得我们借鉴。因此，我们要意识到简历内容表述的重要性。特别是那些在网上复制别人的简历进行改写的人，就更应该注意这一点，要懂得适当地强化自己的优势。

大家都知道，有一句俗话叫做"酒香不怕巷子深"，有很多的年轻人在应聘的时候，总觉得自己是"好酒"，他们认为简历无关紧要，只要自己的能力出众，早晚会找到一份好工作的。事实上，简历就相当于"酒"。如果你的简历写得不好，自然"酒"也就不香了。对方闻不到你的酒香，自然不会再来。

可能还有人会觉得自己是匹千里马，坚信一定有伯乐相中自己。事实上，无论你多么优秀，如果对方一看到你的简历就让你出局，你是没有机会站在面试官面前参加面试的，更不要提是否能获得这份工作了。

现在，有很多的年轻人图省事，在自己的简历上写得很简单，几乎没有什么重要的信息表示出来，更没什么特色，自然很难给人留下深刻印象。还有些更夸张，干脆就像做广告一样，罗列出一大堆的优点，就像在自己身上贴了个"我是好人"的标签一样，让人看后想笑，这样的简历，当然不会引起招聘人员的兴趣。

如果你能写出让人眼前一亮的简历，这样的现象就不会出现了。那么，如何才能做到在简历中凸出自己的优势，淡化自己的弱项呢？

首先，我们要找到关键词语。每个人都有优点，面对不同的工作，所强调的优点会各不相同。比如说，我们面对一份会计的工作，优点自然就是细心和认真。如果我们的简历中能确切而详细地体现出这一点，自然就会引起看简历人的关注。如果我们应聘的是业务员，那么出色的交际能力自然更能让面试官眼前一亮；如果我们是演员，那么出色的外表和丰富的表情动作，则是面试取胜的法宝……因此，我们在应聘的时候，不妨多加思考，衡量自己的综合实力，确定哪一项优势是自己最能引起对方兴趣的。接下来，就是找到能突出这些优点的关键词来进行描述。我们要学会使用关键词，让别人第一眼就看到我们的优势在哪里，尤其是在简历的最主要的栏目里，一定要把优势强化一下。

其次，我们要学会恰当地表达出自己的求职意向。有的人觉得自己什么都能干，至少可做五六种工作。于是，当他们求职的时候，就在不知不觉间把这种意思表达出来，甚至把自己可以做的工种都罗列在纸上面。这些人自以为得计，事实上，这样的做法会让负责看简历的人很为难。因为每个管招聘的人都会有自己的工作方式，每次招聘的时候，可能需要招聘的岗位往往不止一个，有不少岗位是性质相近的，你列上三四种，自以为表达了自己很有能力的意思。可事实上，由于这些表现很不突出，结果往往会适得其反，让人觉得你可能哪一方面都表现平平。天下很难有"全才"，这是那些负责招聘的人头脑中所形成的刻板印象。我们总不能让负责招聘的人替我们参考一下，给我们安排一个岗位吧。再者说了，并不是所有的年轻人都优秀到了非录取不可的地步。所以，如果想突出自己的优势，那么就要懂得如何让自己的优势与对方所录取的岗位保持一致性和协调性。在简历中，不妨有针对性地提出，自己是冲着哪个岗位来的。这种做法会让我们的优势更加明显，同时也避免了让对方怀疑自己求职时三心二意，从而在招聘人员的心中留下良好的印象。

再次，我们在求职的时候，应适当地修饰一下自己的弱点。比如说，自己不具备丰富的工作经验，我们可以强调突出自己愿意接受培训，希望能向有经验员工学习的强烈愿望。如果自己天生性格内向保守，可以强调突出一下自己愿意接受一些比较封闭性的工作。即便自己确实占弱势的地方，也不要全盘否定自己，因为这样的简历，很容易被对方顺手扔进垃圾桶。

最后，给自己的简历起一个最吸引人注意力的标题。大家都知道，在图书销售市场上，那些最受欢迎的图书，往往摆在最显眼的地方。我们的简历也是如此，不妨把自己最大的优点突出表现在简历的题目上，这样一来，就相当于把自己放在了最显眼的位置上，从而可以顺利达到引起对方注意的目的。

面试说话，"宁慢勿快"

前面的几节中，我们讲到简历的事情，事实上，面试的语言也是表现我们能力和素质的"简历"。简历非常重要，而面试更是重中之重。只不过，这个简历是通过语言来进行表达的。我们知道，公司对应聘者关心的事情，大概分为以下几种，比如说，应聘者能不能为公司长期进行工作，应聘者是否有信心接受这份工作，应聘者能否做好这份工作。招聘一个新人，公司事实上已经支付了招聘时的费用。同样，当这个新人进入公司的时候，对方还会进行相关的培训，这同样是一笔不小的投资。如果有新人在面试的时候表现出浮躁，给面试官留下不安心于本职工作的坏印象，自然难以应聘成功。

在面试的时候回答问题，应试者的表现对于应聘是否成功起着关键性的作用。要知道，面试谈话可是重中之重，如果应试者表现出色，无疑是通过面试的必备武器。再者，应聘者与面试官的谈话内容，直接关系到面试官的评价与公司内部的决策。因此，如何才能让自己在面试过程中脱颖而出，是每个面试者最关心的事情。

在我看来，在面试的过程中尽量遵循"宁慢勿快"的谈话方式，你会发现，自己将会因此而在面试官面前留下良好的印象。

众所周知，年轻人的浮躁往往让他们在成熟的中年人面前显得逊色。事实上，如何在有限的问题中最大限度地展现出自己的能力，是需要一定的语言组织能力和特殊表现能力的。

程小芊去面试的时候，主考官询问她的从业经验。程小芊说自己在一年之内换过三家公司。程小芊对主考官说道："我自己感觉还好吧。我觉得这一年来换的三份工作，让我得到了很好的锻炼。"她的这一表现让主考官大跌眼镜，很快让她离开。当然，应聘的事情也就再也没有了下文。

须知新人最忌讳的就是频繁跳槽，程小芊的"快语"把自己的缺点充分地暴露在了主考官的面前。公司最关心的是新手能否在公司长期工作，能否为公司带来效益，没有人会愿意让自己的公司成为"新人训练场"。所以，程小芊自然也不会受到用人公司的欢迎。

在上述故事中,程小芊快人快语,不惜把自己所有的想法全都告诉面试官。其实,这种"快"是欠考虑和不成熟的表现。她的教训应该引起我们的思考,在和面试官讲话的时候,"宁慢勿快"是一条基本的原则。

相比程小芊,罗玉的表现就很不错。她去公司应聘的时候,主考官询问的时候,她回答:"我最希望的是自己能有一份稳定的工作。如果公司能长期聘用我的话,那最好不过了。眼前我所应聘的职位刚好是我所喜欢的,并非心血来潮。"

接着,罗玉向主考官出示了厚厚的一沓资料,上面显示的是她最近搜集到的各种关于公司的资料,她的这一举动让主考官相信,自己对这份工作并不是心血来潮。主考官也深深地明白,罗玉为了这份工作做过很深入的了解和研究,而且志在必得。因此,罗玉成功地得到了这份工作。

那么,在面试说话的时候,我们应该如何表现,恰如其分地运用"宁慢勿快"这一原则呢?

首先,我们可以询问得详细一些。须知,如果在自己不了解情况的条件下就乱发言,很可能言多必失,特别说话太快,更会尽早地暴露出你的缺点,给应聘方留下不良印象。要想避免这一点,就要慢慢来。在面试的过程中,你询问得越详细,就越表明你对这项工作感兴趣。主考官就会想,你对这份工作是非常渴望的。要想提出这些问题,更详细地了解情况,你肯定要在大脑中进行深入的思考,这样一来,就会让面试语言进入"慢"的程序,从而显得成熟理智。

其次,我们在面试的时候,可以恰当如其分地运用自己的语言,让面试官明白,你喜欢有意义的竞争,讨厌无价值的攀比。一个说话节奏快,语音高亢,神情兴奋的人,往往会显得很激进,很毛躁,这样的人往往不会获得面试官的青睐。因此,我们在面试的时候,要用成熟的思考、富于智慧的语言,来表露出自己的思想。有些人急于在面试官面前表现自己,于是,在面试谈话的过程中,他们表露出一种攀比的心态。这些表现当然不会让面试官满意。

在生活中,我们要学会把自己的竞争意识与事业心结合起来,在面试的时候,这种结合要通过语言在主考官的面前表现出来。一个人的生活上的细枝末节,面试官还是能分清其中差别的。所以,贸然而夸张地表现自己,只会适得其反,招致面试官讨厌。

最后,还要注意在面试官的面前表现出自己的长性。可能有的人对此不以为然,可是在面试官的心中,这却是非常重要的一个条件。如果你急于表现自己,不断地向他追问,公司的晋升机制是怎么样的,公司的薪水曲线发展是怎么样的,公司的人事安排制度是怎么样的,还有,同行业同种类的公司中,该公司处于何种地位,这样一来,就会让主考官觉得你没有长性。眼前应聘的这份工作你还没有搞好，却急于考虑那么多，这样的员工在主考官看来是不稳定的，自然也难以获得他们的认可。我们在面试的过程中应当尽力避免。

综上所述，我们在应聘的时候，应当尽量制定详细的面试计划，先说什么，后说什么，如何组织自己的面试语言，如何做到"宁慢勿快"，都要花上一番心思，只有这样，才能让自己的表现更出众，从而获取面试的成功。

克服"密闭"空间恐惧症

在求职的时候，一个密闭的格子间，往往会让年轻人感到手足无措。他们会觉得眼前的这一切很陌生，比起学校的亲切和谐来，办公室的气场似乎过于严肃了。甚至有的年轻人在面试的时候，会患上"密闭"空间恐惧症。

人生是不断变化的，我们的命运中也充满了不可捉摸的变数，因此，我们必须接受现实生活的改变。从学校到公司，这是一个很大的转变。当我们进入面试的这个"密闭"的空间里，心里要有充分的准备，要让自己尽可能快地接受现实，尽早完成角色转变，才能在激烈的竞争中站稳脚跟，为实现自己的人生目标储备更多的力量。

李可最初去面试的时候，总觉得自己与大家格格不入。当时，去公司应聘的大多是女性，大家一身干练的形象，每个人都化着精致的妆容，可是只有李可一脸清纯，打扮还是学生妹的样子，这让她显得与众不同。好在面试的主考官是一个心地善良的女人，她语重心长地对李可说，希望她能做出形象上的改变。

这让李可心生恐惧。她可不喜欢把自己的脸涂抹上各种各样的化妆粉剂。第二次，当她穿着刻板的职业装去面试的时候，心里别提多别扭了。在李可看来，这份工作非常无趣，整天闷坐在一个位置上，不挪地方，对着电脑一坐就是一天，处理那么多数据，憋得她很难受。事实上来讲，她患上了"密闭空间恐惧症"。她觉得自己在面对主考官的时候，被束缚在一个方方的小格子里，这种情况并不是她想要的。李可开始产生了逃避的心理，可想而知，她应聘失败了。

在上述事例中，李可的表现显然很糟糕。事实上，"密闭空间恐惧症"是新人在面试的时候不适应的一种表现。如果通过适当的努力，调整自己的心态，完全是可以克服的。

我们都有这样的经历吧，当我们第一次离开父母去幼儿园上学的时候，走进那个封闭的教室，就会觉得非常不自在，总想回家找自己的爸爸妈妈。这个教室让我们心生恐惧，里面所有的人都不认识，老师和同学都很陌生，他们让我们感到一种茫然和恐慌。可是时间长了，随着大家相互熟悉，彼此之间的关系就会变得越来越亲密。几个月过后，当自己放了假在家的时候，还会想着幼儿园里的小伙伴们呢？这种时候，密闭空间恐惧症早就消失得无影无踪了。

同样的道理，在面试的时候，"密闭"空间恐惧症也是可以通过自身的努力克服的。

张汉阳最初面试的时候，他选择的是业务员的职位。进入面试程序之后，他发现，面试官的表情很严肃，对方提问题的时候也显得咄咄逼人。在这个密闭的空间里，面对一个语锋凌厉的主考官，他心里便产生了一种恐惧的念头，似乎面试的办公室是让自己感到害怕的地方。

可是后来，他慢慢地习惯了主考官的提问方式，其实，主考官只是喜欢用严肃的态度来对待前来面试的人，对他个人并没有什么成见。只要习惯了对方的提问方式就好了。到了后来，张汉阳就慢慢克服了"密闭"空间恐惧症，变得挥洒自如起来，很快，他成功地完成了面试的全过程。不久，他便接到了应聘成功的通知书。

张汉阳的经历在我们很多人的身上都会发生。从一个生活环境转到另外一个新环境，都会发生不同的变化，我们要学会去适应。特别是在面试求职的时候，更应该如此。

那么，我们如何在面试的时候克服这种"密闭"空间恐惧症呢？

首先，我们要学会正视自己，面对现实。找到一份理想的工作不容易，既然我们渴望得到这份工作，就要珍惜这一来之不易的机会。在面试的时候，我们所要做的事情不是害怕和逃避，而是总结自己的大学生活，正视自己的优势和劣势，在与主考官交谈的过程中，了解公司的情况，做到彼此心中有数，以便于积极地为角色转变而做出准备。只有积极地去适应社会，才能为社会奉献出自己的力量，实现自己的人生价值。

其次，要尽快意识到自己在应聘求职的时候扮演何种角色，并且积极地去适应这种角色。新人走入社会之后，就要学会尽早地融入社会中去，要面对崭新的工作环境，尽早实现自己的专业化，进入角色中去。在求职的时候，竞争毕竟是很激烈的，谁能尽快地实现角色转变，谁就能较快地适应社会，从而成功地掌握主动权。所以，你在面试求职的时候，一定要注意表现出这一点。

最后，还要懂得如何协调与主考官的关系。要尝试着用微笑等表情放松自己的情绪。大家试想一下，当我们去面试的时候，如果自己脸上的表情冷冰冰的，是很难获得主考官满意的。虽然我们不是在演戏，可是至少要让自己看起来大方得体，亲切自然。如果你摆出一种拒人于千里之外的样子，是很难获得大家认可的。而且，主考官还会觉得，你是在摆架子，以这样的表情去面试，结果可想而知。

总而言之，面试锻炼的是一个人的心理素质。如果心理素质不佳，自然会对面试的密闭空间产生恐惧心理。如果我们多调整自己的情绪，试着想一些轻松的事情让自己放松，面对主考官的时候，把对方想象成自己的长辈，这样才有可能让自己成功地从一堆应聘者中脱颖而出。

保持冷静，不卑不亢

年轻人在去面试的时候，应该持什么样的态度呢？这是很多应聘者需要认真揣摩的问题。通常来讲，面试官会在有限的时间内对应聘者进行细致入微的考察。他们会认真观察应聘者的语言表达能力、分析判断能力及其性格特点。在这个过程中，应聘者的表现会成为他们判断此人是否留用的关键。

金晓去应聘的时候，主考官提出了很多的问题。据金晓讲，当时的气氛非常紧张，主考官步步紧逼。

"你毕业的学校有什么重点科研项目吗？"

"你的职业规划是什么？"

"你对我们的公司了解究竟有多少？"

"你有兴趣挑战高薪吗？"

诸如此类的问题一个接一个地提出来，让金晓出了一身的冷汗。特别是一些重要的问题，面试官反复地追问，甚至不停地质疑。渐渐地，金晓变得紧张起来，他开始语无伦次，说话的时候，脸色也很苍白，再加上紧张，他手足无措，甚至露出慌张的神色。这样一来，金晓在气势上自然输给了对方。

走出面试的办公室，金晓甚至开始怀疑，是不是面试官在故意地为难自己呢？要不然他为什么会在同一个问题上纠缠不休呢？

其实，这种想法是金晓对面试官的一种误解。以金晓被"逼问"为何要到外地念大学为例，这位面试官其实是想通过金晓的解释了解其当初选择大学的过程，以考察其决策能力和语言组织能力如何。当然，这一问题的提出有一定挑战性，让金晓觉得有些难以回答。而面试官试图通过"打压"金晓的"气势"的过程，来考察其现场应变力和个性特点究竟如何。显然，金晓误解了面试官的用意，以致在面试的时候认为对方一直在为难自己。这样一来，他就会变得坐立不安，首先从气势上输了一截。

同样，在面试的时候表现得过于气势凌人，同样也不会让面试官满意。吴芝去面试的时候，觉得自己毕业于名牌大学，学的又是热门专业，显得非常神气。她的气势让人感到压抑。而且在交谈的过程中，她处处占据主动，甚至有时候还抢着发言，让面试官觉得既可气又可笑。就这样，吴芝由于气势太强大，被面试官拒之门外。吴芝的做法显然不足取。她没能调整好自己的气势，直接导致了面试的失败。

在大多数公司里，面试官留给应聘者的时间并不多，也就十分钟左右。在这十分钟里，要想获得良好的表现，给对方留下好印象，首先就要调整好自己的气势。有的年轻人对面试官很畏惧，因此在气势上就显得有些不足。

从实质上来讲，应聘者与面试官的地位是相等的，我们去应聘的时候，没有必要让自己在对方面前矮三分。当然，也有的面试官故意在面试的过程中制造紧张的气氛，这让应聘者感到很大的压力。比如说，他们会首先提一个不甚友好的问题，一开始就想压制你，他们希望能让你在委屈和激愤中露出本色。在面试官看来，只有击溃应聘者的心理防线，才能筛选出真正有心理承受能力的智者，找到能面对劣势和压力的"新鲜血液"。这样一来，应聘者就会感到面试官的气势太强大了，太难应付了。其实，这种担心真的是没有必要。

还有的年轻人面对提问的时候，显得气势强硬甚至气势凌人，这样的年轻人，往往给对方留下狂妄的不良印象，很难被用人单位看中。气势太弱或者太强都不好。因此，我们要尝试着在两者之间找到平衡，用一种恰当的态度来应对面试。

那么，我们在去面试的时候，应该如何调整自己的气势呢？

首先，应该让自己保持冷静，减少恐惧的心理。不要给自己太大的压力。面试官只不过与你相处十几分钟的时间，甚至只有几分钟的时间，这个过程并不长。认识到这一点，你就会轻松许多。在面试前，做好充分的心理准备，去搜集一些面试官最容易问到的问题，并且事先准备好答案，读懂并做出充分的准备。这些都会让我们增大把握，从而减少心理恐慌的产生。压力面试的目的，也是为了考验我们，认识到这一点，就不会再感到压力巨大。我们要下定决心，尽最大的努力展现出一个真实的自我。如果在面试的过程中，对方提出的问题超出了我们的理解范围，那么我们可以尝试着静下心来，总结自己的经验来解答问题。有的问题，面试官并不是想要得到什么标准答案，而是想通过在你回答的过程中，了解你如何处理给出的情况。另外，在这个过程中，对方还会观察你是否愿意服从领导，是否愿意接受挑战，而不是重点关注你给出的答案是否正确。

其次，要保持自己的态度不卑不亢，从容淡定地处理眼前的事情。有的人在求职的时候特意放低自己的身价，努力去讨好对方，甚至带着一种奉承的意味，这样一来，就会引起面试官的轻视，让自己处于艰难的处境，这是不值得提倡的。不要过于低估自己，即便自己的能力没有达到面试官的预期，我们也可以表现出自己作为求职者的热情和进取心。在面试官的面前，并不是所有的求职者的表现都是完美的。面试官也许更想看到应聘者最真实的一面。也许在众多的面试者中，你的表现就算不好，相比较其他的人而言能够胜出，仍有获取这份工作的希望。

最后，要学会在面试过程中不断化解自己遇到的压力。比如说，有的面试官会突然说："我对你今天的表现非常不满意，你能不能谈谈自己有哪些地方不符合我们的用人需求呢？"有的应聘者会因为这句话而慌了神，他们会觉得自己今天的表现真失败。事实上，这只不过是面试官为应聘者设下的一个压力测试而已，我们可以耐心地进行解释，在坚持自己见解的同时，对他的无理挑剔给予心平气和的解释，要显得有耐心和涵养，尽力表现出一位高素质的应聘者应有的沉着和冷静，而不是激动、失态地据理力争。这样一来，气势自然会与对方势均力敌，不相上下。

量力而行

当年轻人挑选工作的时候，必须明白，选择比努力更为重要。我们选择的基础是充分认识自己，清楚地知道自己究竟适合做什么工作，因此，在挑选工作和履行工作职能的时候必须量力而行。

著名的军事学家拿破仑曾经说过这样的一句话："世界上本没有废物，之所以成为废物，只是放错了地方。"因此，我们要明白，选择比努力显得更为重要。而选择的基础，就是要充分地认识自己，清楚地了解到自己究竟适合做什么样的工作，至于工作的职能，更是必须量力而行。

秦乐是一个生性内向和自卑的人，他去应聘的工作是产品营销员。面对面试的提问，他显得非常木讷，很多的问题不知道怎么去讲，怎么回答。最后，这次面试他自然会铩羽而归。

事实上，秦乐并非没有才华的人。只不过他的才华不适合在这个工作岗位上发挥罢了，所以面试的过程中，他的表现非常糟糕。事实上，从一开始，他就选择了错误的方向。我们每一个人都有自己的优点和缺点，有的人看不到自己的缺点，这是非常可怕的。同样，一个看不到自己优点的人，也非常可怕。有的人会因此而变得自卑，也有的人会因此而变得狂妄。

在日常生活中，我们的性格怎么样，我们的交际能力如何，心态如何，抗打击能力强不强，自己是否有信心，是否为阳光的心态……这些都是我们自己必须了解的。只有更清楚地了解了这些，我们才会明白，自己究竟适合什么样的岗位。

谈到这些，可能有很多的人就会觉得，要确切地回答出这些问题很难。这说明，他们在认识自己的方面还存在着一定的误区。

李辉大学毕业之后，选择进入一家科研机构工作。在这里，他感到工作很不顺心。因为每次上级分配科研任务的时候，他只会被安排去做一些辅助性的工作。比如说打印数据，观察试验的过程，进行相应的记录，至于重要的决定研究方向，制定研究计划，带领助手开展研究这些重要的工作，都交给一些老同事去做。李辉非常不服气。他总是幻想着有朝一日自己能亲身体会一下这样的工作内容。不久，一个好的机会到了。由于人手不够，领导临时让他做一个科研课题的研究，制订一份科研计划。他兴奋地接受了这项任务。可是他在实验室里泡了一周，也没有完成计划书。原来，李辉发现自己只不过是眼高手低罢了。一项科研课题，并非他想象中那么简单，它涉及到资金、技术，方向等许多的方面，需要考虑很多的问题。以他的资历还远远不够完成这份计划书。最后，李辉只得推掉了这个工作任务，重新静下心来，跟着自己的前辈学习。

我们要想不犯李辉那样眼高手低的错误，就要学会在工作中量力而行。首先要认识自己。谈到这个问题，我们不妨做一些自我的测试。在网上、杂志上，或者书上，有很多的测试工具，比如说性格测试、职业倾向测试等等。虽然这些测试的科学性一直都存在争议，不过并不妨碍我们加以借鉴。

举例来讲，我们可以先列出自己优缺点，一条一条写在纸上，哪些是优点，哪些是缺点，而这些优点或者缺点又会对我们造成什么样的影响。在找工作的时候，我们如何规避这些优缺点。

其次，我们可以列出自己的愿望。比如说，我对自己的未来有什么样的规划，具体对工作有什么样的要求，是想在这份工作中收获更多的经验，积累更多的人脉，还是想多挣一些钱，或者发挥自己的特长……这些问题都是需要我们想清楚的。

另外，我们还要学会了解自己所能做事情，比如说我们的专业知识怎么样，哪方面我们学得好，哪方面我们学得不好？除了自己的专业之外，自己有没有可供发挥利用的特长？这些特长对我们的帮助怎么样，会不会对我们的职业产生有利的影响？还有，我们的外部形象怎么样？是否会让人感觉忠诚可靠？

通过以上的种种分析，我们可以将这些优点或者缺点罗列出来，制成表格。这样一来，对照着表格进行比较，我们对自己的了解就会变得更加客观和直接了。列表格的目的不是为了让自己消灭缺点，而是让自己明白自己是一个什么样的人。对照着这些表格，要学会扬长避短，露出自己的优点和亮点，让它们在求职的过程中发挥重大的作用。

有一些大的公司，常常会让一些应聘者做一些性格方面的测试，也是基于这个原因。有的人会在这项性格测试中失去应聘的机会，自然是因为性格不合乎应聘单位的要求。

如果我们能提前分析一下自己，那么应聘的时候把握就会大很多。可能有的人会说，我没有什么特别的缺点呀！其实这是一种很可笑的想法，人无完人，没有缺点是不可能的。只不过，你不愿意正视这些缺点而已。

了解了上述的这些情况，我们也就跨出了关键的一步，这样一来，就可以全身心地投入到对应聘的分析中去。接下来就是面对目前的现实，分析自己目前的这种情况，具体能做什么。这一步分析，通常要基于自己的专业知识来进行规划，这样才会更有把握。因为如果跨专业，我们就很可能因此处于劣势了。比如，我们明明学的是室内设计，可自己却想做平面设计，在众多平面设计高手当中，自己当然很可能落败。所以，我们一定要量力而行，做我们想做的，找我们能做的！

最好的不一定是最适合的

有的年轻人在找工作的时候，常常会面临这样一种痛苦：我认为最好的，却不是适合我的，也就是现实和愿望不一致。怎么办呢？答案只有一个：绕道而行。

有一位明星在最初出道的时候，在大家眼中是一位多才多艺的人。她可以当主持人去主持节目，也可以去唱歌，还会跳一些时下流行的热舞，甚至演小品她也很拿手。只是随着时间的推移，她觉得自己必须选一条适合自己的道路走下去。

当时，她把自己将来所有的职业可能性都一一在纸上列了出来。经过一番认真的比较之后，她发现，虽然当舞蹈演员很光鲜，而且收入也很可观，可是她觉得以自己现在的悟性和条件，并一定能在这条路上长久地走下去；虽然当歌星可以名利双收，但是她的噪音条件并不是得天独厚的，也没有什么特色……想来想去，她觉得从事演艺业才是最适合自己，最有前途的。虽然当时她只能做一个无名气的演员，演一些不知名的小角色。但是随着时间的推移，她会让自己的演艺更成熟。就这样，她按自己设定的路线走下去，时至今日，她已经成为了令人瞩目的一线明星。她就是蒋雯丽。

蒋雯丽的经历值得我们借鉴。在现实生活中，每个人的能力都是有限的。我们所期望得到的，并不一定是最适合我们的。这就好像去餐厅里吃饭。大家坐在一起的时候，有的菜是店里的招牌菜，价格贵，味道好，但是，当这道菜摆在我们面前的时候，我们不一定就喜欢吃。当我们走在大街上，看到那些橱窗里摆放的最漂亮华贵的衣服，确实心生欢喜，可是我们真的要买下它们的话，却不一定穿着合适。

每一个人都不是完美的，每一项工作对人的要求也不是相同的，因此，为了找到互相契合的地方，我们必须要搞清楚，什么才是最适合我们的。

林琳是一个非常漂亮的小女孩，她的梦想是成为一名演员。在她看来自己的形象非常不错，无论是谁都喜欢和自己打交道。这是自己事业成功的关键。但是林琳对于表演并不擅长，很多丰富而微妙的表情，她都表现不出来。天生的外表固然是重要的，可以给人好感，但并不表明长得漂亮就能演戏。因此，当她在演艺圈混得不如意的时候，最终选择了放弃，做了一名舞蹈老师。

几年之后，当她回忆起这段经历时，无限感慨地说，虽然当明星是最好的出路，可是却不是最适合她的。幸亏她选择了退出，否则一定会被现实碰得头破血流。显然，她的选择是正确的。

林琳的经历说明，只有找到最适合自己的工作，才有可能做出骄人的成绩。事实上，我们选择最适合自己的工作并不是一件复杂的事情，根本不必有害怕的心理。用人单位的目的只不过是想找到有用的人才，而不是想把谁"考倒"。所以，我们在应聘的时候，要朝着适合自己的工作努力，走一条最适合自己的路，才有可能更快地到达目的地。

可是，究竟什么样的工作才是最适合自己的呢？有的年轻人会对这个问题感到茫然。事实上，我们可以先尝试着去了解自己，再尝试着去了解用人单位的招聘信息。一家企业在招聘的时候，光凭简单的招聘通知是看不出什么的，它提供的信息量太少。如果我们能够从企业文化、历史、品牌形象等方方面面地去了解公司，更有利于我们获得对方的认同。比如说，我们可以了解一些关于招聘单位的性质和背景方面的信息。如果是生产企业，我们不妨了解是什么行业、生产什么产品、品牌是什么、企业文化理念是什么等。我们还可以关心一下企业的发展前景如何，我们入职后会不会有上升的发展空间等。当然，这就需要我们下工夫去寻找了。我们手上掌握的信息量越大，就越能了解对方究竟需要招聘什么样的人才。了解对方的要求之后，我们再对照自己的核心竞争力，如果适合我们，我们就可以直接去应聘。这样一来，面试成功的胜算就会非常大。

其次，我们可以认真了解一下自己所应聘的工种的具体的职责是什么。可能有的人会说，对方的招聘通知上写的内容太简单了，没有详细地罗列出具体的条款，我怎么办？要想解决这个问题并不难。在书店或者是图书馆，诸如《人力资源管理工具箱》之类的书很多，书中详细列出了企业每一个岗位的"职务说明书"，其中有具体的岗位职责，我们可以去找来阅读，适当地参考一下。此外，我们还需要了解这个岗位所要求的基本技能和素质，对照着这些技能，我们可以有针对性地去要求自己，看看自己是否能达到对方的要求，如果能胜任的话，显然，这份工作就是最适合我们的工作了。

最后，我们还要考虑好自己与企业的匹配度与融合性。我们了解到自己适合哪一种职位也许并不难。可是同行业内，自己究竟入职哪一家公司呢？这就需要我们找到自己与企业的匹配度与融合性。有的人大学一毕业就确定了自己今后的求职意向，而在进入社会之后，就把这种意向更加细化起来，强调其专业的目标，这样一路走来，目标就会非常清晰。可以说，这样的做法为自己的个人定下了良好的基础。我们不妨加以学习，锁定自己努力的方向。此外，如果我们在求职的过程中受挫，也不要气馁，也许这只是说明你多多少少有些不切实际，定位有些偏差，并非意味着你能力欠佳。所以，我们不妨继续调整自己，直到找到自己最适合的职位为止。

专业 ≠ 职业

我们在大学里所学的专业，对我们的人生起着至关重要的作用。专业对一个人的发展方向具有很大的影响，但是，我们也没有必要完全拘泥于自己所学的专业。比如著名的文学家鲁迅，他最开始学的专业只不过是医学，可是他却走上了写作的道路，照样取得了令世界瞩目的成绩。

我们在找工作的时候，经常会看到用人单位对应聘者的专业有所要求。比如说，一些文案、记者等就招聘中文、新闻专业的；一些医院就要一些医科大学毕业的……这些司空见惯的现象，有时会制约一些求职者的思维，他们会想，我的专业限制了我所工作的行业，我是不是必须要从事与本专业相关的行业，才能发挥出最大的才华来呢？

事实并非如此，一个人在大学里所学的专业，并不能决定其将来所从事的行业。IT 风云人物马云，学的是英语专业，可是从事的却是电子商务。这听起来似乎关联性并不大的两个专业，却被他有机地融合在一起。首先，他利用自己在英语方面的优势开了一个翻译社。通过经营这个翻译社，他了解到了国外的一些先进的互联网的信息。后来，他开始专门从事这方面的工作。这个过程过渡得很自然，并没有什么不妥。

在现实生活中，我们在求职时会遇到各种各样的机会。当我们还没有确定自己的职业目标是什么的时候，我们随时都有可能做出调整。这是一种适应社会环境的表现。

著名的青年编剧刘毅就是如此。他刚走出校门的时候，从事的是与自己专业相关的记者行业。后来，开始有人请他帮忙写一些剧本。渐渐地，他对编剧这一行入了迷。随着一部又一部当红影视的播出，他的名气越来越大，现在他已经是著名的编剧了。

我们知道，人生是没有定制这一说法的。刘毅的经历已经说明了这一点。我们可以规划自己的未来，但并非意味着一定要在自己规划的圈子里打转。当生活把一份意外的惊喜送到我们面前的时候，我们有什么理由不接受呢？

有的人在学校学习的是金融专业，可是走出校门的时候，可能刚好赶上金融风暴暴发，这样一来，求职就成了难题。难道还要再等金融风暴过去再找工作吗？当然不可能。所以，我们可以适当地做出调整，比如说，可以找相关的行业，或者找自己擅长的领域来就业。

我的一个朋友，毕业于牛津大学，她的人生一直是一帆风顺，受过的打击和挫折非常少。当时，她学习的是心理类的专业。这种专业在国外很热门，可是在国内求职的时候，她却受到了冷遇。现实生活中她遇到的都与她想象的不同，让她产生了极大的心理落差，自信心遭到重挫。她想，难道自己所学的就是一门垃圾专业吗？如果放弃，她又觉得有些不甘心。

直到有一天，她发现有一家电视台正在招聘节目主持人。虽然并非她的专业，却是她最擅长的领域，而且还是她的相关行业。于是，她欣然投递了简历，不久顺利接到面试的通知，并进入电视台工作。当她的节目播出之后，受到了热烈的欢迎。在收视率不断攀高的前提下，她的行情也一路看涨，收入也增加了许多。

这位朋友的经历，可以说是不受专业限制的典型事例。我们不能让专业成为限制自己发展的"桎梏"。我们更不能对因受外界因素干扰而造成的心态不平衡胡乱地总结原因。故而，我们要学会尝试进行新的"自身定位"。具体来讲，可以分为以下几个步骤去做：

首先，要对与自己相关的行业做充分的了解。你了解得越多，懂得越多，才会变得更加自信。同时，要注意，自信是我们最重要的名片。不要觉得这个行业与自己的专业关联不大就不敢去碰它。说不定你是最具有天赋的，你很快就会明白,只要你相信自己能,没有什么不可以。在我看来,那些能把握住机会的人,总是那些提前伸出手的人。

其次,要结合自己的"亮点",找到与之相契合的行业。人才的需求是不断地进行变化的。工作总得有人干。比如说编导行业,前些年一直处于人才的缺口,于是,大量的非专业人才进入这一行业,从而获得了这一职位。他们之所以能抓住这一机遇,自然是因为自己的"亮点"与行业找到了契合点所致。大家都知道,当一个行业中出现新生事物的时候,是需要有人去应用和管理的。比如说工厂增加了一条新的生产线,比如说公司引进了一个新的生产项目等等,这种情况下,难道要立刻招聘新人入单位吗?显然不会。这是需要有人学习新知识,并且从事新工作的。因此,就算是我们找到了合适的工作,在同一家公司内,我们同样也可以做到转变自己的行业。这样的事例,在现实生活中已经不再是少数。

最后,我们要学会如何积极主动地去学习。现代社会对于复合型人才的要求特别高。比如说学电子专业的人,可能也要求其具有数学方面的才能;学中文专业的人,也许需要新闻学方面的才能。如果我们不想让自己因为专业受到限制,那么就要让自己的学习态度变得主动一些,不论自己的工作是不是繁忙,用于学习的时间是否充裕,都应该向专职人员的学习,向书本学习,从网上学习。只有这样,才能让自己不受行业的限制,从当今竞争激烈的商业环境中胜出。

要有骑驴找马的掌控能力

现在,有很多的公司感叹员工的流动性太强。特别是90后大学生,跳槽率更是特别高。根据报纸上公布的一项调查内容显示,90后大学生一年内的跳槽率甚至达到了78.3%。这个惊人的数字让我们感到吃惊。有许多人频繁地跳槽,导致无法积累深厚的经验,无法构筑稳定的人脉关系,从而让自己的未来发展受到不利的影响。但是,有的人会说,那我实在干不下去了,应该怎么办呢?此时,我们不妨学着骑驴找马,一颗红心,两手准备。当然,在实施这一做法的时候,必须要学有骑驴找马的掌控能力。

每位大学生毕业都要面临择业的难题。对于社会经验不足的大学生,大学一毕业就找到自己喜爱的工作,恐怕有点儿难。于是,有很多的大学毕业生选择了"骑驴找马"的对策,即先干着手里的这份工作,再想办法找自己中意的工作。

从客观的角度来讲,大学生刚毕业的时候,在心理上确实需要一个"过渡期",这个过渡期包括一份工作、一份薪水、一些经验。于是,大学毕业后的第一份工作如何,似乎并不是他们最看重的。很多的人把这份工作当成了一个跳板,希望能跳到更高的地方去。至于这份工作的内容、性质,甚至是否符合自己的长期职业规划,他们并不看重。也正因为如此,所以他们对自己的岗位职责加以轻视,甚至疏忽大意。有的人甚至根本对这份工作一点儿也不用心,只想着赶紧跳槽。这样一来,他们就会抱着"先工作再说"的念头。

也恰恰因为这个原因,有很多的用人单位不喜欢招大学毕业生。在他们看来,公司刚进来的新人往往没有具体的职业规划,缺乏长远性和规划性,在工作期间往往不安心,有的还会去跳槽,这样就会让公司陷于被动的地位,甚至会受到很大的损失。

因此,对于大学毕业生而言,骑驴找马的掌控能力高低也非常重要。诚然,我们可以先毕业后择业,积累一定的工作经验,以便将来能找到更好的工作,求得更佳的职业发展。但是,如果将来自己找不到合适的工作怎么办呢?

林可刚参加工作的时候,在一家小公司当会计,她想着将来可以去大公司发展,因此,对这份工作并不积极。林可每天抱着得过且过的态度,只是完成分内的工作,慢慢地,她习惯了这份工作。当每天的工作内容变成一个固定的模式之后,林可渐渐进入了角色。她甚至都不想再改变自己的生活。当一年后又到了招聘的季节时,她突然意识到,自己已经习惯了这份工作,很难再去找别的工作了。

林可的事情给了我们一个教训。事业的发展就像是逆水行舟,不进则退,有很多人沉湎于眼前这份安稳的工作,不想做出任何的改变,这些人往往在不知不觉地"退化",慢慢地落后于自己的同事和同学。也许等几年后大家再见面的时候,就会发现,当初自己选择那样一家小公司就业是错误的。职场与校园不同,应聘者进入职场中,必须转换自己的角色,努力去适应公司的要求;而校园则刚好相反,它很宽容,可以包容你的一切个性。当毕业生从校园进入职场的时候,如果不适时地调整自己,很容易会陷入困境之中。通常来讲,打算"骑驴找马"的人,最容易碰到以下的几种情况:

有的人没有找到马,却渐渐地习惯了骑驴。有的年轻人慢慢地习惯了眼前的生活,日复一日,年复一年,每天做同样的事情,没有什么大的改变。他们被动或者主动地适应了当前的生活,并在短期内习惯了这种生活。在不知不觉中,他们把这种生活当成了自己生命中的一部分,并形成了自己的职业特征。这种职业特征一旦形成,就具有了一定的稳定性,并慢慢地成为了惯性,严重的甚至发展为强迫性职业病。在不同的行业,不同的公司,理念是不同的,职业习惯也不会不同。即便将来从小公司进入大公司工作,不同的职业习惯有可能会为我们融入这些公司而制造障碍。同时，我们必须进行自我职业习惯方面的调整。如果我们在一个公司等的时间太久的话，就会发现，这种调整是非常困难的，甚至到了"伤筋动骨"的地步。所以，一定要尽量避免出现这种情况。

还有一些既骑不好驴，更找不到马的人。这部分年轻人往往最惨。有的人不安心于本职工作，认为自己是"千年不遇的奇才"。他们在工作的时候不认真，不去想怎样发挥自己的能力，而是天天在想如何找到一份好工作，渴望着能遇到"天上掉馅饼"的好事。这些人往往后知后觉，自视甚高，他们对工作没有兴趣，也没有好感，敷衍了事的同时还会这样安慰自己：反正我过不了多久就能找到更好的工作。这样的人往往不肯付出努力，他们既骑不好驴，也骑不好马，最后因为自己的"眼高手低"而一事无成。

事实上，就毕业生的实际情况来讲，骑驴找马只不过是一项权宜之计。年轻人如果先就业后择业，积累一定的工作经验，本身并没有错。可是如果一直"找不到马"，让自己"骑在驴"上的时间太久，有可能就会慢慢地失去找马的能力。也就是我们通常所说的失去了对工作的"掌控能力"。所以，我们应当尽量避免以上几种情况的发生，让自己少走弯路，这样才能在职场上游刃有余。

第五章

学点人情世故,别在职场自乱阵脚

面对新环境,职场新人最容易"慌不择路",越走越错,从而对职场产生恐惧感。在工作中,最重要的是保持镇定,分析局势。无论是工作本身还是人际关系,掌握窍门其实很简单。一些微妙的"潜伏"规则,需要刚毕业的年轻人好好体会,大胆验证。

本章导读

● 同事相处，亲疏有度

● 新人入职，勤快不吃亏

● 前辈必有过人之处

● 别不把小领导当领导

● 管住嘴，迈开腿

● 事情做在明面上

● 公司小不代表起点低

● 摘掉优等生的光环

● 千万不要站错队

同事相处，亲疏有度

新人进入职场，要尽快地融入公司的人际关系中去，处理好与同事之间的关系。一个新的环境刚开始可能让我们感到无所适从，但是当我们渐渐地习惯了之后就不会这样了。我们会渐渐地和同事们关系融洽起来，大家就像知心的朋友一样，彼此关心，互相帮助。如果别人遇到了困难，我们不妨伸出援手，如果我们自己碰到了麻烦，也不要心生抱怨。时间久了，你会发现，自己所在的公司也是一个很温馨的大家庭，也是一个很可爱的团体。

如果一直不肯放低身段，遇到不如意的环境时退避三舍的员工，不管他是多么地才华横溢，才华永远会因为他的人际关系不佳而受到限制，甚至无法施展。一个人是否成熟往往要看其适应能力的强弱，如果我们能从自己手边的平凡工作中找到乐趣，这也是一种主动适应的积极心态。

我曾在一份杂志上看到这样一句话："出众而不孤立，从众而不庸俗。"这句话的含义很深刻，值得我们深思。在现实生活中，那些成熟的员工都能把握"从众"的度，只有适度从众、不与全世界为伍，恰到好处地调整自己的态度，你才会在工作中如鱼得水。

谈到处理好与同事之间的关系，做到亲疏有度，很多的人都会觉得难以驾驭。新人初入职场更是如此。有的年轻人如履薄冰，整天活得战战兢兢，不敢与同事有深交。还有的年轻人则变得积极努力，而且不断地寻找着前进的方向，保持着一颗不断进取的心，将同事关系不放在心上，显得很难合群。也有的年轻人气势凌人，总觉得自己毕业于名牌大学，非常了不起，不把任何人放在眼中。

张景和最初进入公司的时候，由于他是唯一具有博士学历的员工，因此他自视清高，瞧不起自己的同事。他总是不参加集体活动，也很少和大家在一起讨论问题，总是让人感觉他很高傲。时间久了，大家都不愿意和他打交道，这让张景和觉得很是无奈。这样的人注定显得有些不合群，自然会落落寡欢。

如果一个人想在职场上有所作为，那么就要与周围的人有着和谐融洽的关系。大家都在积极努力地寻找着前进的方向，都想保持一颗积极进取的心，这样做并没有错，关键的问题是，你在这个过程中要调整好自己的态度，要获得周围环境的认可。

陶吉进入服装设计公司的时候自视甚高，总觉得自己毕业于名牌大学，所以有一种心理上的优越感。当大家在讨论当前流行时装的时候，他总觉得大家的想法俗不可耐，简直没办法去沟通。于是，他总是不屑于发言，甚至做出一种不耐烦的样子。这样时间一长，大家在讨论的时候就不再邀请他一起参加。这些事被领导得知后，提醒他要注意"合群"。陶吉这才注意到此问题的严重性。

事后，他决定收敛自己的个性。他开始努力学习，尝试着去了解别人的思路，接受别人的想法，甚至主动寻找一些大家感兴趣的话题。渐渐地，大家把他视为同类，再也没有人议论他的品位"独特"了。这样一来，他的事业自然越发展越好。几年后，他还成为了这些同事们的领导。

陶吉调整自己人际关系的过程值得我们借鉴。一个有才华的人，并不是非得通过特立独行来表现。有的人总是自视清高，还有的人则不辨是非，去与别人同流合污，这些做法都是不恰当的。因此，我们不妨尝试着改变自己，适度从众，但是却不媚俗。

首先，我们不妨做好自我监督，时刻关注自己在同事眼中的形象。可以认真反思一下，我在大家的心目中，究竟是什么样的？大家会不会觉得我气势太盛，无法相处？我们都希望自己成为一个优秀的人。但是一个优秀的人并非意味着"高处不胜寒"，况且，年轻人新入公司，是无论如何也很难"高"上去。相反，新人还有许多需要向老同事们学习的地方。故而，年轻人应该学着做好自我监督，千万别让自己的思想落在大家的后面。

其次，在处理人际关系的时候，我们不要总是抱着一种自卑心理。如果我们的知识和技能在公司里处于劣势，那么自然会有一种"抬不起头"来的感觉。在气势上，自然会输别人一截，这样的结果，显然不是我们希望看到的。所以，我们要好好自我监督，别让自己的技能落在时代后头。这种情况下，我们要树立起危机意识，要认识到自己与别人的差距。如果你自己都感觉比不上别人，那么同事自然会对你另眼相看，对方的气势会压住你，这样在职场竞争中，自然就不可能占优势。每个人都有自己的目标，现实生活也不允许我们对这些目标产生懈怠，我们在向着目标前进的时候，那种蓬勃向上的精神面貌，自然会凸现出我们的气势。

此外，我们还要改变那种随波逐流的坏习惯，与同事之间要保持适当的距离，不要太过于盲从。一个人有没有气势，与能力息息相关，但是与为人处世的态度也有着很密切的联系。无原则地从众，就会让人变得软弱无能，自然不具备气势。这样的人是很难实现自己的理想的。一个人要想成大事，就必须要有自己的原则，这才是为人处世的根本。我们可以多了解一些，大家都在想什么，最关心什么，公司的人事关系格局是怎么样的，谁与谁之间是什么样的关系……了解了这些，我们才有资格融入周围的人群中，与同事们保持恰当而友好的关系，做到亲疏有度。

新人入职，勤快不吃亏

进入职场之后，作为一个新人，难免会被一些职场的老同事们叫去帮忙或者协助其进行工作。在这种时候，有的年轻人会心生抱怨：难道你们看我是新来的，故意欺负我吗？还有的时候，上级会把一些不重要的工作，比较琐碎的事情交给新人来做，这往往让一些人产生心理不平衡。

当今社会职场竞争非常激烈，有的机会转眼之间就消失了。如果在职场上我们过于计较这些小事情，很难给大家留下好印象。时间长了，大家难免会有意见。如果此时恰逢人事变动，那么有可能你会因此而离开公司。相反，新人如果在入职之初勤快些，不断提高自己的竞争力，努力抓住每一个机会来表现自己的勤快，自然会很容易地协调与同事之间的关系，轻松获得上司的赏识。

秦凯是一位大学毕业的新人。当年他进入一家制造燃油机的企业工作的时候，对方却分配他去管理仓库，而且给他的薪水非常低。当时，有的同学劝他辞职，可是秦凯却认准了这是一家大企业，将来自己肯定会有很好的发展前途，所以他安下心来勤快工作，从没有抱怨过。每当有人来仓库取货的时候，他都上前帮忙，跑前跑后非常勤快，很快大家都认识了这个年轻人，一致夸他人不错。渐渐地，这些话传到了领导的口中。领导得知他毕业于名牌大学之后，产生了惜才爱才的想法，很快把他调入了办公室负责后勤方面的工作。

到了办公室之后，秦凯仍旧保持本色。平时有谁需要帮忙复印材料，或者发传真等小事情，只要喊到秦凯，他都乐意代劳。也正是因为如此，每当秦凯在工作上遇到技术性的问题解决不了的时候，老同事们都乐于指点他。渐渐地，他开始在这家公司干得游刃有余，薪水一路看涨，最终成为了部门的副经理。

秦凯的成功，显然是由于他在新入职的时候保持了一种正确的态度。在现实生活中，这样的事例很常见。在职场上，我们最初是一个新人，位卑薪低；或许由于我们的经验不丰富，所以在公司得不到重用，甚至被派去做一些琐碎的事情。但是，千万不要因为这一点就放弃努力。人勤快一些，就会有机会得到更多的锻炼，从中学到的东西也会更多。如果只安于现在自己的这个位置，只关心自己眼前和手头上的工作，是很难在本岗位上有所发展的。

另外，当人变得勤快的时候，你会不知不觉地发现，自己对这份工作充满了热情，而这份热情可以让我们踏实地做好每一件事情，从而形成良性的循环。这样一来，我们才有可能创出骄人的业绩，从而给自己带来可观的薪水收入。

当然，可能有的年轻人对此不屑一顾，觉得倒茶端水、发传真这样的小事有什么值得学习的？也许很多的人并不知道，恰恰是这些小事，有可能造成一位优秀的人才。

勤快还可以让我们学习到许多在本岗位上学不到的东西。孟非的经历就是如此。

著名的大型相亲综艺类节目主持人孟非原来只是一个勤杂工。他在电视台干的是打杂的活儿。他每天所做的事情就是帮别人扛录像机、带样带、打水、扫地等这些小事情。可是孟非却乐此不疲，他把每一件小事都当成是对自己的锻炼。甚至有的记者出去跑新闻的时候，他会主动跟着去，替人家拿东西，帮人家的忙。对方过意不去的时候，就会主动地教他一些采访的知识。孟非抓住这些难得的机会，如饥似渴地学习。

时间久了，孟非也学会了如何采访，如何撰稿。甚至有的时候，他还会替别的记者出去采访。渐渐地，他的表现引起了上司的关注。不久，他顺利地转正成为一名正式的记者。孟非一直保持了这个传统，几年过去之后，他已经成为了全国最有名最当红的主持人。

我们来看孟非的经历，不难发现，当初他做的事情，都是一些没有技术含量的小事情。可正是由于这些小事情，让他给大家留下了勤快的好印象，从而让他的升迁之路畅通无阻。

新人入职，难免受到轻视。因此，不要因为上司派自己做一些无关紧要的小事就失望，甚至抱着得过且过的心态，这样一来，你会在无意中得罪一些人，还会失去对新工作的热情，甚至发展演变成得过且过的心态，这是非常可怕的。相反，如果你有求必应，对同事热情有加，乐于助人，那么随着好口碑，你会发现，自己正渐渐成为职场的宠儿。以后有什么好的机会，也会有人关照你。

新的职场往往让我们感到新鲜和迷茫，当你对新的人际环境一头雾水的时候，当你对所有的工作一筹莫展的时候，当你对复杂的人际关系手足无措的时候，如果你能勤快一些，就会发现自己面前出现了一个突破口。这个突破口有助于自己了解新的环境，熟悉同事和上司，而且还能加快自己适应工作环境的进程。此外，多做一些事情，会让我们的工作圈子扩大，认识更多的人，拓展自己的人际关系。公司是一个很大的复杂的格局，勤快一些，你会更加了解这个格局的特点，对自己的职场角色的理解也就更加深刻。所以，我们不妨从现在开始，做一个勤快的人。你会发现，自己所得到的东西远远比付出多得多。

前辈必有过人之处

众所周知，如果一个人在公司里待的时间很久，或者说年龄比较大的话，他的社会阅历往往是非常丰富的。这些经验和阅历是不可能从书本上学到的，它来自于一个人的人生积累。这是一笔宝贵的财富。当年轻人进入新公司的时候，你的学历、才干、能力、智商可能都比那些前辈们优秀，可是你的经验势必在这一场比较中处于弱势。

当然，我们不可否认，年轻人也有自己的优势，他们精力旺盛，学习能力强。特别是有的年轻人毕业于名牌大学，更是得意非凡，甚至有一种"君临天下，舍我其谁"的气概。这些人进入新公司上班的时候，往往看不起那些工作了几年或者十几年，却比自己职位还低的同事们。在他们看来，这些前辈是不值得一提的。

林晓云大学毕业后进入了一家新公司担任广告策划。由于她的才华横溢，很快便得到了总经理的赏识，甚至有意提拔她当部门经理。

时隔不久，林晓云遇到了这样的一件事情。她原本谈好的一个客户，由于嫌她的策划方案成本太高，便拒绝再继续和她合作。甚至前期所花费的一些钱，对方也没有如约打过来。林晓云气坏了，决定和对方打官司。

就在事情闹得不可开交的时候，一位老同事悄悄地劝她说：与其耗费时间打官司，搞得两败俱伤，还不如静下心来，买一些礼品找找对方，协商一下如何解决当前的问题。这样一来，才是两全其美的好对策。

可是和解的事情又如何去办呢？从哪一步先着手呢？面对这些棘手的问题，林晓云犯了难。她在无奈之际，请这位老前辈一起吃饭，向对方请教这个问题。老前辈还真的是不简单，很快便给她指明了一条道路，让她找一些和这个客户关系不错的同事，约这位客户一起吃饭，然后让大家帮忙说和此事。

林晓云如约而行，果然，事情顺利解决。客户不仅和她握手言和，而且和她达成了一致的协商意见。林晓云重新对策划方案做了调整，对方也如约把前期的费用通过银行转账过来。合作继续进行。林晓云此时才领悟到自己当初想打官司的想法是多么幼稚。当初多亏同事的指点，自己才没有走到那一步。

林晓云的经历告诉我们，每一位在职场上历经大风大浪的人，都有其过人之处。生活远远比戏剧还要精彩，我们会不断遇到一些纷繁复杂的问题。如果问题简单，我们还好解决，如果问题复杂的话，需要我们动用各种因素进行思考，并加以判断，堪称难度巨大。如果仅凭我们有限的人生经历，年轻人是很难把这些事情做好的。此时，如果我们能向那些老前辈加以求教，他山之石，可以攻玉，说不定会有意外的收获呢。

可能有的人年轻人总是看不起那些年长的同事，甚至还对他们表露出自己这种不以为然的态度，这样的人往往会在无意中搬起石头砸了自己的脚。我有一个朋友在学校里当教师。当时他新入职的时候，和一位老教师意见不合，吵了几句。结果把这位老教师得罪了。没过几天，校长请他过去谈话。直到进了办公室他才知道，原来，校长是这位老教师的学生，而且校长极为尊敬他，全校的老师们也都很尊敬他。我的朋友在无意中得罪了这样一位德高望重的老前辈，下场可想而知。后来，他费了很多的心思才挽回了这件事给自己造成的负面影响。所以，我们不妨引以为戒。

那么，在职场中，我们如何才能处理好与各位职场前辈的关系呢？

首先，我们要积极主动地与老同事、老前辈进行交往。在与他们交往的过程中，我们不妨悄悄地从细微之处观察、学习、揣摩这些职场前辈的做法，博采众长。学习他们的优点，克服自己的缺点，把对自己有益的部分变成自己性格中的一部分，让自己不断地强大起来。

其次，当我们与老前辈发生矛盾的时候，一定不要对矛盾进行激化处理，而是要先审视自己，进行自省，主动退后一步，以求得和平解决矛盾。俗话说得好，姜还是老的辣，职场上的老前辈肯定有胜过年轻人的地方，他们的经历就是最实用的职场教科书。面对这样经验丰富的老前辈，我们的态度应该是尊重，而非加剧彼此之间的矛盾。

最后，我们要在与前辈的交往过程中打磨自己，让自己在潜移默化中受到对方的影响。曾经有位总裁说过这样的一件事，他说有位职场前辈教过自己一句话，内容很简单，就是："出了问题之后，最重要的不是如何懊悔和自责，而是如何弥补损失，及时解决问题。"这句话虽然简单，却成为了他办事和处理问题的原则，用他自己的话来讲，这句话可以让他一生"受用不尽"。像这种小事还有很多，我们在和职场前辈相处的过程中，耳闻目染，会渐渐地养成良好的职业习惯，并渐渐地学会在细节中打磨自我，让自己在不知不觉中成长起来。

此外，当我们遇到问题的时候，还可以虚心向职场前辈们请教，询问他们的诊断意见和行动方案。作为自己行动的参考。在几百年前，职场上都是老师傅带小徒弟，手把手地教自己的弟子。现在，虽然这样的规矩早就被淘汰了，可是我们不妨去其糟粕，领会其精华。前辈们不带"徒弟"了，并不妨碍我们暗中"取经"。等你把职场前辈的优点学过来后，你就会发现，自己已经提升了一个档次，取得了很大的进步。而那些职场前辈的职业责任感和优秀的业绩，更是激励着我们奋发向上，不断拼搏。最重要的是，我们在向老前辈学习的过程中，要常怀感恩之心，适当的时候应予以回报，只有这样，我们才能与那些老前辈们把关系处得更好。

别不把小领导当领导

　　从原则上来讲，在职场上，我们身边每一个人都很重要，都应该获得我们的尊重。在职场上，一个新人会自觉不自觉地去讨上司的赏识和欢心，这是没有错的，但是，对于那些小领导，我们也有必要给予他们应有的尊重和礼貌。新进入职场，有的年轻人存在这样的偏见，他们认为只要跟公司的某些大领导搞好关系就可以了，而那些与自己没有关系的小领导对自己而言却没有多大的用处。实际上，有些员工的职位虽然不怎么高，权力也不太大，甚至我们和他们也没有什么直接的工作关系，但是，他们对我们而言却是非常重要，甚至会在某个环节上影响到我们的职场生涯。

　　形象地来讲，我们都知道，在职场上，每件事情通常都是由许许多多的细节组成的，而这些细节70%以上是跟自己身边的同事发生直接的关系，其中还有一部分是和那些小领导有关系的，论起见面的几率，他们比我们的大老板和上司对我们的影响力要大得多。因此，即便我们不是很喜欢这些小领导，也不要得罪他们，他们的潜力往往会让你大吃一惊，甚至超出我们的想象，影响到我们的业绩、升迁和去留。因此，相比较那些大领导，小领导与我们的关系更为密切。我们更应该去尊重他们，重视他们。

　　有的人在职场上能力很出众，但是脾气却很大，对别人非常敏感。当他们和一些小领导相处的时候，往往痛恨小领导那种以自己为中心的态度。确实，有的小领导喜欢拿着鸡毛当令箭，但是这并非意味着你可以不把他们当回事。

　　孟祥辉最初进入职场的时候，就职于一家贸易公司。当时，他下定决心好好干这份工作，争取在短时间内得到上面的提升和认可。但是时隔不久他就发现，摆在自己面前的小领导张主任对他非常不友好。

　　比如说主任分配工作的时候，总是分给他一些琐碎、单调、技术含量低的工作，这些工作对他而言一点意思都没有，他觉得就算是派个小学生来都能轻易搞定。有一段时间，孟祥辉特别生气，因为他感觉对方屡次刁难自己。他甚至冲动到要给主任点颜色看看的想法。

有一次，因为一点儿小事，他和对方吵了起来。三言两语不和，孟祥辉甚至向对方挥起了拳头。就这样，他得罪了主任。

可事有凑巧，没过多久，老板把主任提拔成了孟祥辉的大领导。这位主任后来一一照顾自己的属下，唯独对孟祥辉不理不睬。孟祥辉后悔得肠子都青了。

当有人问起主任，为什么对孟祥辉这样做的时候，主任说道："刚入职场的年轻人一般比较容易犯好高骛远的毛病，这个孟祥辉也不例外。其实，我对他没有任何偏见，只是想尽快让他调整自己的工作状态，习惯自己的角色。可是他却非常不尊重我，甚至不屑于做日常工作中的琐事，总把自己太当回事，这是不可取的。"

孟祥辉的经历值得我们汲取经验教训。职场是一个很残酷的地方。如果我们太把自己当回事儿，不把小领导放在自己眼里，那么对方一定不会把你当回事儿。我们是职场的新人，小领导不可能把很重要的工作交付给一个没有工作经验的人。所以他们会很慎重，有的时候，我们不能单纯地认为他们对我们有意见。这样的想法有些偏激。

新人进入职场，做一些琐碎的事情无可厚非。我们不应该对此"上纲上线"误认为对方对自己意见。那些小领导往往有自己的打算，他们会觉得这些新人招聘进来之后，并不了解新人们真正的长处在哪，对其岗位的适应能力也不是很清楚。那么怎么办呢？他们一般会安排一些看似鸡毛蒜皮的小事情让你做，并借此来观察、考验你。

想当年，我初进入公司的时候，常常被部门经理的小助理使唤得团团转。虽然小助理只是我的一个小领导，而且她吩咐的事情有许多是我的工作范围之外的。但是无论她吩咐我做什么，我都尽力去做。不管她交给我的事情多么零散，我都尽心地去做。即便有些事情的后果她不再追问，甚至不了了之，我都用了心，及时而充满热诚地处理好。

后来，公司有意提拔我，小助理帮着我在领导的面前说了不少好话。我是事后才得知这一切的。我非常感激她。我想只要我们做得好，才能逐步得到所有人的信任和肯定，对那些小领导而言也是如此。这些小领导与我们相处的时候，他们会给我们很多的机会来表现自己。也许这些机会是通过一些琐碎的事情来表现的，但我们一定要尽心尽力地做好。

小领导也是领导，值得我们尊重。我们不能像职场中发育不全的病孩子，片面地注重自己的想法，忽视那些小领导的想法。有的人不自量力，甚至向小领导叫板，这样的人如果不幸"挑战"了对方的底线，往往会让自己受到伤害和损失。

有的小领导绝对不可小觑，说不定在什么时候，他们的一句话或者某个行为就会给我们造成重大的影响。

那么，我们应该如何重视小领导呢？

我们应当将小领导与大领导平等对待，在我们的面前，小领导也要当成"大领导"去尊重。没有人会喜欢不尊重自己的人，越是小领导，也许他们就越是渴望自己受到尊重。

此外，我们还要在小领导的面前注意收敛自己的态度。如果你在小领导的面前表现得锋芒毕露，也许最终受伤害的还是你自己。况且，难道那些小领导永远处在我们的对立面吗？他们也有可能成为我们的良师益友，甚至成为我们升职的得力助推器。以诚待人，用自己的真心，同样也会换回别人的真心，所以，尊重那些身边的小领导吧，说不定哪一天，他们就会变成我们的大领导呢！

管住嘴，迈开腿

俗话说："嘴上没毛，办事不牢。"指的就是年轻人做事往往考虑得不够周到。新人初入职场，思想比较简单，说话的时候往往是心里想什么，嘴上就说什么，"心直口快"固然是优点，但是口无遮拦地乱说话，却很容易祸从口出。

有的人一进公司就想逞英雄，天真地幻想着通过自己的一句话，或者某个行为引起上层高管的重视，从而获得青云直上的机会。这样的想法过于天真，更多的结果会是因为你的一句话得罪了一大堆人，从而结束自己的职业生涯，或者给自己惹来无穷无尽的麻烦。

朱晓晓进入新公司的第一天，就在上班的时间迟到了，结果被扣了一笔钱。她很生气，质问负责考勤的人，"为什么苏莉莉也迟到了，你们不管呢？她迟到了一个多小时没有挨罚，我只迟到了十几分钟，就要扣我的奖金，这不公平。"记考勤的人很客气地告诉她，这是经理的安排。朱晓晓听了，就更气愤了，她觉得经理这是故意在偏袒苏莉莉，为什么对自己要求这么严格，对苏莉莉却网开一面呢？她实在是想不通，于是接下来的几天里，她多次向周围的人提起此事，甚至揣测苏莉莉与经理有什么不正当的关系。

没过几天，朱晓晓被经理叫到了办公室。经理向她出示了一张加班表。原来，苏莉莉迟到的前一天在公司加班，一直加到很晚。经理体恤下属，让她明天上午可以休息半天。可是苏莉莉想到明天还要有许多工作要做，就硬是咬着牙赶过来了。原本苏莉莉就值得表扬，可是她很低调，恳求经理不要再提这件事。因此，这件事很多的人都不知道。经理也没有想到会有人在这方面进行计较。可是朱晓晓四处散播谣言，已经严重影响到了他和苏莉莉的声誉，同时，也给公司造成了不良的影响。经理一气之下，将朱晓晓开除。就这样，因为朱晓晓言语不当，她失去了一份非常好的工作。

朱晓晓的错误在于没有管住自己的嘴。别说这件事情她没有搞清楚就四处乱嚷嚷，就算是搞清楚了，也不应该四处破坏别人的名誉呀！她的教训我们应该避免。

在任何一家公司，都有明面上的规章和制度。但是还有一些人们看得到，但是不能说的潜规则。比如说不能四处讲别人的坏话，这样的潜规则就在很多的公司里存在着，而且，这也是我们做人的一项必备的良好素质。新人进入公司，一言一行都会引起别人的注意，因为你是新来的，大家都会对你的关注多一些。此时讲上一句不应该说的话，稍有不慎就会传开，甚至传到当事人的耳朵里。有的话还有可能被篡改，改得面目全非后被当事人听到。如果这些话触怒了当事人，你的下场注定会很惨。所以，新人要管住自己的嘴。当然，更重要的事情就是在管住自己嘴的同时，还要迈开腿。说通俗一些就是少说话，多干活儿。

李少利在一家房地产中介公司上班。他是个职场新人。有一次，他在跟着自己的一位同事带客户看房的时候，他看到客户塞给了同事100元钱。当时，他以为是客户私下里给同事的小费，或者说同事帮客户做了什么事情，收到了好处费。李少利当时想说些什么，但是碍于朋友的面子也就没说出口。他事后才得知，原来那天客户和同事一起开车去看房，半路上客户的车没有油了，而客户刚好忘记带钱包了，于是同事替他出了100元钱。得知这一切后，李少利庆幸自己当初没有乱说话。要不然，不定给同事惹来多大的麻烦呢！

李少利及时管住了自己的嘴，从而获得了同事的信任。在职场上，新人往往会遇到很多的事情。有的事情不能随便四处乱说，还有的事情不能被自己拿来夸下海口。比如说，有的年轻人新上任的时候往往爱夸自己，"我干活儿从来不挑的""我很认真负责的"或者"我这个人很大度的"。一句一句美好的词汇用来描述自己没错，可是如果你做不到了怎么办？这不是丢人现眼吗？

说一千句道一万句，不如切实的行动更让人心服口服。因此，我们在管住嘴的同时，还要迈开腿。不论你在哪个岗位上，拿出让众人心服口服的成绩，才是最重要的。与其天天喊着自己能干，不如切切实实地把工作成绩摆出来。俗话说得好，"群众的眼睛是雪亮的"，大家看到你业绩出众，才会给你好评，而你在公司才能吃得开，也更容易获得上司的赏识。

说到迈开腿，涉及到很多的方面。首先，对于我们自己职责范围之内的事情，我们要做得快，做得好。上级吩咐下来，我们立刻行动，及时地完成任务。

而不能一拖再拖，要学会把自己的步子迈得快一些，稳一些。

其次，我们在口头上承诺过的事情，一定要尽全力做到。比如说，我们答应上司，这份策划书今天能赶出来，那就不要再考虑太多，先把策划书完成是最重要的。当然，这种时候也要管住嘴，不要说"有困难有麻烦""工作很难办"这样的话，用你的实际行动去克服，让大家见识一下你的办事能力和做事决心，这才是最重要的。

最后，我们不仅要迈开腿，还要迈得快一些。有些事情，你不做还会有别人抢着做。这些人如果腿迈得比你快，你就会远远地落在后面。这样一来，你就会在公司里处于不利地位。那加薪升职的好事，自然也不会落在你的头上。所以，在迈步的时候要讲究快。也就是说，要提高做事的效率，要出手快，动作迅速，这样才能领先于身边的同事。没有哪个领导不喜欢办事雷厉风行的人。只要你够快，自然会抢在别人的前面。

管住嘴，莫乱讲话，不要讲夸口的话、炫耀的话、沾沾自喜的话；迈开腿，要拿出切实的行动来，提高自己的办事效率。这样做之后你就会发现，自己的地位正在一天天地提高，职场早晚会有惊喜回报你！

事情做在明面上

在生活中，有这样一句话，相信很多的人都听说过："不打勤的，不打懒的，专门打那些不长眼的。"这话听起来有些可笑，却是现实真实的写照。实质上，这是一个如何表现自己的问题，所体现的是做事的智慧和技巧。如果我们只会做事不会"秀"，只是默默无闻地去做好自己的事情，不懂得恰到好处地表现自己，那么很可能与自己应该得到的"嘉奖"失之交臂。

有的人工作一直很勤恳，很认真，甚至做出了很多的成绩，却一直得不到提拔，这与他们不善于表现自己有关系。那些善于表现自己的人，往往会习惯于把事情做在明面上。这样的人往往更能受到上司的喜欢，从而得到提拔和重用。

我记得在自己上小学的时候，同学们之间流传着这样的一个笑话。老师说："你们看小芳同学上课表现多好，在睡觉的时候也忘不了听课。"还有一句话是这样讲的："你们看小刚同学表现多差，在上课的时候居然睡觉。"其实，这两句话讲的都是同一件事情，而且性质是相同的，同样是指学生在听课的时候睡觉。可是由于表达方式不同，给我们的感受就不相同。这就是说话的技巧。同理，办事也要讲究技巧。把你做过的事情摆在明面上，这就是一种技巧。

可能有的年轻人对此不以为然。他们觉得，自己和别的员工一样，都是在上司的视野里活动，并没有比别人少干活儿，难道上司不理解自己吗？这样的想法是幼稚可笑的。上司那么忙，每天都有自己的事情要完成，他们哪里会想那么多呢？面对我们的上司，如果不讲究一定的技巧，又怎能让上司看到自己的成绩呢？事实上，还有的人年轻人一直在拼命工作，上司却一点儿也不知道。

大家要明白，如果光知道埋头苦干，是行不通的。这样的人在过去可能会被评为劳模，但是在如今的这个社会，只能渐渐地被淹没在公司里，成为默默无闻的一员。在现在的职场上，光知道做事情是不够的，有可能你自己累个半死不活，上司还在想，他的办事效率是不是很低呢？否则为什么到下班事情还没有忙完呢？可想而知，即便你累得半死，也很难获得加薪、升迁的机会。

白虹是一名记者，她最初进入公司上班的时候，每天都要跑出去采访，寻找新闻线索，甚至有时一连几天在单位都看不到她的人影。后来，经理在开会的时候特意强调，有的年轻人心态浮躁，不肯安下心来打磨稿子，整天在外面乱跑。此事显然是在指白虹没有好好工作，把她气得要命。可是工作还是得干，她渐渐地学会了讲究技术和方法。比如说，她会在采访结束之后，赶到公司写稿子，而不是像以往那样在家中的笔记本电脑上完成。她会向前辈请教写新闻稿子的技巧，甚至在跟同事聊天的时候，假装无意地讲一些自己辛苦采访的经历。

另外，她在向领导汇报工作的时候，总会有意或者无意地谈起自己采访的过程是多么曲折，甚至讲一些新闻线索是多么地来之不易。这样一来，领导就会意识到，她是一个非常能干的人，而且做出了非常不错的成绩。

让我们分析一下白虹的经历，她实际上并没有比原来多做一些工作。稿子还是照旧要写，只不过换了一种方式而已。当她把自己写稿子的工作和采访的经历摆在明面上的时候，领导终于意识到，白虹是个很不错的员工，她努力了，甚至还做得相当不错。如果让上司整天面对一个见不着人影的下属，估计没有哪个领导会认为这个下属是优秀的。说不定当这个下属发表一篇有分量的新闻时，领导还会说，也许他只是碰巧运气好罢了。由此可见，把自己的工作内容摆在明面上也是需要讲究技巧的。

那么，我们如何才能灵活地运用这些技巧呢？

首先，我们要学会不露痕迹地表功劳。当年我刚进入一家公司的时候，同样也是工作非常认真，自我感觉很好。在和上司谈论自己的工作时，也喜欢谦虚低调，不喜欢表功，甚至屡次强调，自己的工作是在大家的帮助下取得的，自己并没有做什么特殊的贡献。可是时间一长，领导对我似乎并不满意，他们认为，现在根本看不到我的成绩。后来，我意识到这样的回答并不能让上司觉得我这是谦虚，他会真正地感觉我什么都没有做。此后不久，我就进行了调整。有一次，我把新成交的一笔业务装作不经意的样子向老板提起,说自己用了十几分钟就搞定了一个客户。领导一听,果然很高兴,当天就在公司会议上表扬了我。

要想让领导看到我们付出的努力,去关注我们所做的事情,如果不学会自己去表达,光等着别人在领导面前帮你说好话,那是不切实际的。没有多少人会帮你做这件好事。而且上司也不可能天天关注你做了什么,他们关心的是整个公司的运转。不留痕迹地表功劳,才是最适合我们表达的方式。

其次,要掌握好"进言"的绝佳机会。如果我们天天向上司表功劳,只会招致他的厌烦。如果长期不和上司沟通,就会让双方之间的关系变得疏远。所以,掌握好进言的机会是非常重要的。把事情摆在明面上并没有错,可是我们也要学会什么时候把事情摆出来。我们不妨在自己新近取得成绩的时候开口,这样一来,便可以大大提高我们在上司面前的地位。

最后,我们还要学会一些提升自己的绝招。台湾作家黄明坚有一个形象的比喻:"做完蛋糕一定要记得裱花。有很多味道非常美妙的蛋糕,因为看起来不够漂亮,所以卖不出去。但是在上面涂满奶油,裱上美丽的花朵,顾客就会非常喜爱,看到之后就会动心,主动掏钱购买。"我们不能总是以默默无闻的姿态做无名英雄,将自己秀出来也是需要勇气和技巧的。千万不要天天蹲在角落里顾影自怜,要学会及时和上司沟通,向他们汇报工作的进展。当上司夸奖某项工作好的时候,自己一定要记得提醒你的上司,这项工作我也出了一份力呢!久而久之,我们就会在上司的心中留下好印象,升职加薪的事情自然不用再发愁了。

公司小不代表起点低

有的年轻人在找工作的时候,存在这样的一个误区,即总是向往着自己能到一些大企业去工作。比如说世界五百强大公司,或者一些知名的企业,而那些小公司往往很难引起他们的注意。

有的人甚至认为,去大公司工作,就是高起点,而去小公司工作,就是低起点。一个高起点的大公司,往往更能引起我们的兴趣。而那些低起点的小公司,甚至会对我们的前途产生不利的影响。那么,事实真的是这样的吗?

事实上,大公司有大公司的优势,它们知名度高,福利待遇好,在市场竞争中处于有利的地位,而且进入公司之后还可以接触到比较广的人脉和社会关系。而小公司也有小公司的优势,它的人际关系简单,上升渠道通畅,而且还可以学到一些企业上升阶段所积累的经验。可见,大公司和小公司各有所长,根本不存在大公司起点高、小公司起点低的问题。因此，我们在找工作的时候，不能因为这一点而让自己受到局限。

此外，纵观那些世界知名的大公司，有多少是从名不见经传的小公司发展起来的呢？比如说苹果公司，它堪称是世界知名企业，可是这家公司最初发展的时候只有两个人，一个是乔布斯，另外一个是他的同学。而且这个同学还是兼职人员，自己本身有工作，给苹果公司干活的全职人员只有一个人，那就是乔布斯。难道你能说这家公司不小吗？可是现在，你走在大街上，基本上随处都可以看到玩苹果手机的年轻人。而苹果公司更是以定位高端产品的形象深入人心。所以，公司的大小并不代表我们起点的高低，特别是对一些年轻人而言，更是如此。

有一些精明的年轻人，甚至专门挑小公司去工作。这听起来有些不可思议，他们却有自己的打算。陈思成大学毕业之后，开始在大公司工作了一段时间，后来积累了一些经验，他甚至梦想着有朝一日自己能开一家公司。可是如果开一家大公司，显然是不现实的。他一没有资金，二没有技术。思来想去，他决定去小公司上班。不久，他进入一家小公司当部门经理。由于公司人手少，所以他必须一专多能，做很多的事情，方方面面的事情都要管。就这样，他在工作中积累了很多经验。

此后不久，陈思成便掌握了小公司成立的流程、工作顺序安排，以及一个公司如何运营的大体步骤。对于陈思成而言，这正是他要创业必须积累的先期经验。几年之后，陈思成离开了公司，开始自己的创业生涯。在小公司工作的经历成为了他工作的宝贵经验。他凭借这些经验一步一步艰难地走来，并且最终成立了自己的公司，并逐步发展壮大。

陈思成的经历很简单，他懂得自己需要什么，并且主动地去寻找。我们不一定非得进入小公司上班，也不一定非得看重大公司的名气。公司的大小并不代表起点的高低。那么，我们大学毕业之后，究竟是选择大公司，还是选择小公司呢？我们要根据自己的实际情况进行分析，再做出具体的决定。有的人性格比较强硬，喜欢以自我为中心，这样的人往往主张"宁为鸡头，不为凤尾"。他们比较适合当领导，也迫切地希望自己能走上领导的岗位。但是当他们发现，进入大公司当领导这样的想法很幼稚的时候，他们会转而求其次，进入一些小公司去实现自己的理想。比如说有的大学毕业生，由于资历出众，很可能会在小公司里得到重用，成为一个小部门的领导。但是如果他们一毕业就进入大公司，则有可能要从最底层开始做起，很难得到一进公司就当领导的机会。

还有的人希望自己能在职业生涯中扩大自己的眼界，学到一些先进的工作经验和工作理念，同时，获得体面的高薪，积累丰富的工作经验，将来得到重用和提拔。这样的人，往往会将自己的目光投向大公司。

著名的职场女精英吴士宏最初只不过是医院里一名最普通的护士。后来，她认为这份工作毫无挑战性，于是，她决定另谋高就。当她把目光投向一些大企业的时候，很多的人都认为她很难竞聘成功。但是她硬是凭着一台收音机，花了一年半的时间学完了许国璋英语三年的课程，然后，鼓足勇气报了名，走进了世界最大的信息产业公司——IBM公司的北京办事处去参加面试。

面试的过程很严格，先是进行了两轮的笔试，后来又进了一次口试，她都顺利地通过了。到了最后一关，主考官问吴士宏："你会不会打字？"吴士宏勇敢地说自己会。事实上，她连打字机也没有摸过。但是为了得到这份工作，她立刻在面试结束后借钱买了一台打字机，并且没日没夜地打了一个星期，双手累得甚至连筷子都拿不住。最后，她奇迹般地达到了专业打字员的水平，并顺利地成为了这家世界著名企业的一个最普通的员工。

最开始，她只是一个卑微的小角色，每天做的都是一些沏茶、打扫卫生的琐碎工作，但是，她并没有泄气，她每天想着如何去改变现状。她每天都要比别人多花6个小时去学习，最终，由于她出色地掌握了丰富的业务知识，从而成为第一批业务代表中的一员。后来，她又成为第一批去美国本部作战略研究的人。最后，她又第一个成为IBM华南区的总经理。回想自己的从业经历，她开始感叹，如果没有当初那段时间艰难的付出，她是不可能登上这个位置的。

从吴士宏的经历，我们不难看出，她虽然进入的是一家大公司，可是起点却很低，从事的是一些卑微的工作。但是她同样也做得风生水起，让所有的人都为之羡慕。由此可见，公司的大小真的与我们的事业起点没有必要的联系。你在大公司工作也好，在小公司工作也好，最重要的不是公司的大小，而是你究竟可以做到哪一种程度。每一个人都希望自己能够成为职场上一面高高飘扬的胜利旗帜，那么，从现在开始，就脚踏实地地努力吧！

摘掉优等生的光环

一些大学生在刚走校门的时候，往往自视甚高。他们一直觉得自己就是优等生，心理上具有绝对的优越感。而事实上，当他们一接触到现实才发现，在那些富于社会智慧的人面前，自己显得幼稚和可笑。就像是从天堂跌落下来一样，从"优等生"变成了"差等生"。其实，这两种心态都是不正确的，我们应该学会调整好心态。在学校的光环只代表着过去，并不能在今后的工作中发挥什么作用，而最重要的内容，就是我们今后在工作中的表现。

在现实生活中，有的年轻人在学校里的时候，可能被评过优等生。在他们看来，这可是至高无上的荣誉。当他们步入职场的时候，也理所当然地认为自己是职场上的佼佼者。这种想当然的想法自然是错误的。优等生只能说明你在学校里很优秀，并不能说明你在职场上也同样优秀。如果不及时摘掉优等生的光环，可能这些荣誉将成为你职场成功之路上的障碍。

张阳刚参加工作的时候信心十足。因为在本科室里的十几人当中，他是学历最高的人。而且他在学校里上学的时候，获得过许多的荣誉证书，这些证书让他有了底气。入职之后不久，他就写了一封长长的建议书，把自认为不合理的地方全指了出来。他想，只要上级领导看到我的这封建议书，一定会觉得我是个人才，而且会重用和提拔我的。可是他左等右等，却只等来了对方一句话："你不安心工作，却对别人的工作指三道四，太不像话了。"

从那之后，大家在背后总是对张阳指指点点。大家觉得他太清高了，不合群，于是在日常工作中，大家都有意排斥他。此后，他与大家的关系越处越僵，最后无奈之下，他只得离开了公司。

张阳的工作经历为我们敲响了警钟。我们知道，张阳是优等生。可是在那些老同事面前，这种优等生是根本没有竞争价值的。领导最关心的是你现在的表现如何，而不是你的过去究竟怎么样。所以，千万不要把优等生的光环一直戴在头上，那对你的职场生涯而言，只是一段曾经的辉煌而已。

当然，优等生毕竟是有其优势的。比起一同走出校门的同学而言，优等生自然称得上是佼佼者。我们若想让自己优等生的头衔发挥作用，那么就要拿出更为优秀的表现。

林珍珠最初走出校门的时候，也觉得自己很优秀，她也想让众人对自己刮目相看。因此，她极力地想证明自己。每当公司有什么艰巨的任务，她总会冲在第一个，为大家排忧解难，让大家明白，她确实很能干，很优秀。

前一段时间，有一个外国的客户来访。林珍珠主动承担了接待任务。从对方一下飞机的接待，到与其在公司进行谈判，再加上谈判结束后，她对外国客户的体贴入微，无一不体现了她缜密的安排和良苦的用心。客户回国之后，给公司总部打去了电话，表达了对林珍珠接待工作的满意。

公司的领导因为这件事情特意表扬了她。公司领导认为，林珍珠确实名不虚传，以优等生的姿态进入公司，再以优秀员工的姿态获得所有人的认可。在这里，优等生成为林珍珠优秀的能力证明。

综上所述，我们在公司里提到自己是优等生的时候，不妨深入地探讨一下，针对自己现在的情况，这优等生对自己是一种肯定，还是一种嘲讽？

学校和职场是两个不同的地方。学校会在每一学期或者一年中评一次优等生，而职场却是每时每刻都在进行较量和比赛。如果你走在其他同事的后面，那么你就会感到无地自容。因此，我们要把精力放在眼前的工作上，把优等生的过去当成自己前进的一种动力。我们可以这样想：我是优等生没错，可是如果我不好好努力，那么优等生对我根本没有任何的益处。

纵观历史，有多少有成就的人是优等生呢？好像并不多。就连英国的首相，据说也在大学里考过不少糟糕的成绩单。可是，他们照样可以成为一个国家的重要领袖。而有的人甚至学习成绩不佳，比如说淘宝的掌门人马云，高考的时候考了三次才勉强考入大学。我们知道，大学在人生的阶段里只占很小的一部分，我们更多的精力是要投向职场。为了让自己轻装前进，我们不妨学着放下那些所谓优等生的光环，踏实地做好每一件事情。

当然，我的意思不是说优等生没有用。而是提醒你，如果只看着身后已经走过的路，你会容易摔跤的。所以，我们应该把目光放长远，往前看。相比较优等生的光环，一位优秀的职业经理人、优秀的员工、贡献最大的员工，这些头衔就更值得我们期待了。

我们都知道龟兔赛跑的故事，这个古老的寓言中，那个喜欢睡懒觉的兔子，先前也是"速跑能手"。可是他顶着这顶光环躺在地上睡大觉，最终还是在比赛中失利。所以，我们如果总是提醒自己是"优等生"，那么和那只骄傲的兔子又有什么区别呢？还是摘掉优等生的光环吧，至少你会发现，自己轻松了许多。在职场上轻装前进，难道不是你渴望的吗？

千万不要站错队

有人说职场如战场，总是在暗中充满着勾心斗角，甚至进行着不动声色的较量。有一些大型的公司内部，甚至分成不同的派系，彼此之间为了升职或者其他的利益而不断进行着争斗。新人初入公司，不管你有意也好，无意也好，总会遭遇这一现象。

在电视剧《步步惊心》中，就有关于这样勾心斗角的情节。为了争夺皇位，四皇子和八皇子、大太子分成三个派系进行争斗。有的大臣站在四皇子一边，有的大臣站在八皇子一边，还有的则去拥护大太子。这些人当初站队的时候，期望将来有朝一日皇子继承大统，自己能沾上点儿光。可是皇位只有一个，当四皇子登上皇位之后，那些站错队的大臣们死的死，流放的流放，还有的遭遇了贬职。可以说，他们之所以有如此凄惨的下场，全是因为当初站错队的缘故。

在职场上的争斗与此类似，只不过没有官场上那么残酷。只是，如果在办公室的派系斗争中处于下风，站错了队，很可能会让自己遭遇很严重的打击。

苏莉是个职场新人，她刚进入公司的时候，很快获得了部门经理的青睐，处处照顾她。而另外一位高管，好像处处看她不顺眼，经常暗中给她穿小鞋。苏莉心理上渐渐地产生了变化，她把自己的心思用在维护部门经理的利益上。凡是部门经理拥护的事情，她就坚决执行。凡是部门经理反对的事情，她则反对到底。对于这位高管的指示，她则能拖就拖，能不办就不办，处处与高管为难。

时隔不久，部门经理被调入另外一家分公司工作，而原来的那位高管则因职位调动成为了她的顶头上司。可想而知，苏莉很快便因为一件小事而被公司扫地出门。

苏莉在职场上站了错了队，这只是表面的原因。更深层的原因，在于她不应该与高管较劲，加入这场职场争斗中去，从而让自己成为了高管与部门经理争斗的牺牲品。如果她当初能意识到这一点，懂得明哲保身，可能不至于在公司里没有容身之处。

在现实生活中，这样的情况很常见。在我们这些新人面前，似乎个个都是老大，当他们对我们发号施令的时候，我们真的不知道遵从哪一个人的指示才好。

著名的凤凰卫视的记者吴小莉也曾遇到这样的情况。她新进入电视台采访的时候，往往有好几个人同时下指令给她，让她感到无所适从，幸亏她懂得进退，更懂得如何巧妙地维护好与那些人的关系，时间一长，大家也能体谅她的难处，不再抢着给她派活儿。而她也渐渐地成长为一个职场上的干将，工作干得意气风发，顺风顺水。

吴小莉的经验值得我们借鉴。我们不妨学着她那样巧妙地维护自己与几位上司的关系，做到大家和平相处。在职场上，一些新人最常遭遇的尴尬莫过于手握实权的两个甚至两个以上的高管同时对你下指令。无论听从哪一条指令，都会令另一方大动肝火，甚至记在账上，以后伺机报复。而更令人难堪的是，当你听从某一方的指令进行工作的时候，可能会费力不讨好，而那些自己没有服从命令的一方，后果就更严重了，恨不得视你为必欲除之而后快的异己。

可以说，这是一个两难的抉择。生活不是电影，我们没有办法在众人的面前上演《无间道》。当一个两面派的间谍也是有难度的，我们很难胜任这一角色，更不能像一个万金油一样，巧妙地周旋在众人之间。那么，我们应该怎么办呢？

举个例子来讲，我们下棋的时候，会遵循一定的规则。棋子有大有小，小卒子可以被帅吃掉，主要是因为帅的级别比它高。在职场上，我们也可遵循这样的职责，如果好几个人同时下达指令，我们可以先给他们的职务排一下顺序，他们的地位总是有高有低，不妨先听地位高的指令行事，再去做地位低的人吩咐的事情。当然，如果碰到双方势均力敌的情况，我们则不得不立即做出选择——站队。

可是，如何才能保证自己不站错队呢？

首先，我们要睁开一双慧眼，认真地鉴别哪一派在公司中的地位比较有利，而且这一派会接受自己，要明白，如果你选择错误，那就一切都完了。似乎这样的做法听起来有些匪夷所思，而且它实质上加剧了内耗，对公司未必有利。可是在现实生活中，我们如果遇上这样的事情，只能接受事实。同时，我们要意识到，当自己只不过是一个下层小职员的时候，是没有资格去对公司命运之类的问题发表意见的。

其次，如果矛盾冲突不是很激烈，我们完全可以摆正自己的位置，两边都不得罪。新人进入公司往往是最底层的，命运往往掌握在那些高层的管理者手中。也正是如此，在这些高管看来，新人的作用无足轻重，这也会让他们不把新人放在眼里，不会主动去选择或者拉拢新人，从而让这些新人有了在夹缝中喘息和生存的机会。如果我们能得到这种机会，就一定要抓紧，千万不要轻易得罪他们之中的任何一方。

再者，我们要学会适应复杂的人际关系，懂得适应环境。不要天真地以为自己站到了其中一队，就不会再改变立场。其实，我们随时都在接受站队的考验。有的人可能只是风光一时，很快就会被调走。有的人则可能只是暂时掌权，很快就又会遭遇职务变动。虽然职场政治很让人头疼，可是有一点是很重要的，那就是不管风向如何变，我们不能让自己的想法一成不变，要懂得顺势而为。

最后，我们要想站好队，就必须冷静地观察和分析自己周围的职场环境，尽可能多地了解一些相关的职场资讯。在公司里，每一个高管的势力范围都是有划分的，懂得了这些，你面对他们的时候才能从容不迫。有些高管虽然职位并不高，但是却在大老板心目中占有很重要的地位，甚至可以对老板产生很重要的影响，我们一定要处理好与他们的关系，以此来保证自己的权益。

第六章

遵从内心的召唤时别太理想化

> 有人不满足于现状,于是选择了继续深造或者自主创业。其实这两条路并不好走。所以,下决心之前先分析自己行不行,再规划一下整个方案,千万不要鲁莽行事。个人的婚恋问题也是一样,现实生活比想象中的残酷,不要过于理想化。

本章导读

◉ 创业，先掂量掂量自己的"本钱"再说

◉ 想当老板先打工

◉ "考公"不一定有完美结局

◉ 考研读研的成本问题

◉ 留学的可行性报告

◉ SOHO 也有技术含量

◉ "毕婚族"能走多远

创业，先掂量掂量自己的"本钱"再说

前不久，我的一个朋友想开服装店，但是她手上没有足够的钱去租一家好一些的门面，更不可能拿出一大笔资金来铺货。就在她发愁的时候，有一天路过夜市，她突然有了自己的想法。她先用手上不多的钱进了一些廉价的服装，然后在夜市上出售。由于她有经济头脑，渐渐地把小生意做成了大生意，终于有能力在黄金地段租下一家很好的店面。现在，她的服装店已经开了十几家连锁店。

我的这位朋友很有经营头脑，值得人钦佩。而且，最重要的一点是，这位朋友最原始创业的资金，是自己积累的，只有一万块钱。这笔钱说起来也不算是个大数。可是对于刚大学毕业的学生而言，确实不算少。我曾经问过她，为什么非要自己下本钱，难道不可以找家长赞助吗？她笑着说，用自己攒的钱压力还小一些，赔也是自己的，不会给父母造成损失。

这位朋友务实的态度值得我们学习。像她这样的年轻人，想创业的估计不在少数。在创业之前，我们首先要面对的问题就是——本钱！如果你想开公司，那么就要租场地、招聘员工，这些都需要钱。如果你想开店，那么租店面、进货、请人帮忙，也需要本钱；如果你想做某笔生意，也是需要本钱进货的……所以，本钱是个很重要的问题。可是大部分的年轻人刚刚离开家，没有太多的积蓄可以利用。说到本钱，自己能筹集到的也是有限。所以，在创业之初，一定要先掂量本钱。

在商场上，做生意必须具备三大元素：时间劳力、技术、创意。本钱不是最重要的，只不过，要想把前面的元素变成产品，则必定会出现本钱的问题。

让我们来看看本钱与创业之间的联系吧。首先，在本钱花出去之前，我们先要考虑一下自己的想法是否可行，也就是说，自己的创意是否务实。

有的年轻人喜欢天马行空地乱想，这样的想法落到现实中后，不一定能行得通。报纸上曾刊登过这样的一件事情：某位年轻人想投资电影，于是大学毕业之后，举债几十万创办了一个小小的影视公司，想给一些顾客或者商业机构拍摄短片赚钱。可是当他实际运作起来之后才发现，这点儿投资远远不够自己折腾。最后，这家小公司在不到三个月的时间里就倒闭了。所以，我们必须做好创业的规划，列出详细的各项钱款的用途，做好收支平衡，规划好如何进行赢利的运作模式，而不能盲目地进行投资。

其次，我们要有思想准备，给自己留好退路。创业成功自然可以赚大钱，可是创业却是一场艰辛的战斗过程，容不得我们有丝毫的懈怠。在现实生活中，有

很多的年轻人在创业的过程中，往往事情进行到一半就放弃不做了，他们遇到了很多意想不到困难。这样的一来，投出去的成本就收不回来了。因此，如果创业失败了，我们要有思想准备，同时还要给自己留条后路。我曾听说有的年轻人为了创业，把父母的房子抵押给银行贷款，结果到了最后血本无归，害得一家人连住的地方都没有，这样的行为不值得提倡。

再者，在创业的过程中，任何想法都要经过测试、修正、测试、再修正……这样反反复复的过程。在这个过程中，会有许多我们意想不到的情况出现。比如说，我们投资10万块钱创业，准备开一家小超市。可是当开业之后我们发现，自己的钱超出了预算，不够用了，这种情况下，我们就要追加投资。如果事先没有准备，有可能会让自己陷入困境之中。因此，我们事先要留出一部分的备用资金，以防万一。

聚美优品是一家知名的化妆品网站。网站的创始人陈欧最初拿这笔投资打算经营游戏网站。可是在他做计划的过程中，发现这笔投资如果用在游戏网站上，收回成本的过程非常漫长。相反，如果把这笔钱用来投资做一个化妆品网站，获取利润的可能性会更大一些。因此，他打算变更投资项目。当他找到投资人商量这件事的时候，对方大力支持。因为在这个项目启动之前，对方已经留出了备用资金。同理，我们在创业的过程中，也不妨两手准备，留出一部分备用资金。

最后，我们在掂量自己的本钱进行创业的同时，也要学会巧妙地规避风险。有很多的年轻人喜欢异想天开，他们天真地以为自己只要进入事业的启动阶段就开始赚钱了。这种想法是非常幼稚可笑的。有的事业需要经营好多年之后，才会看到成效。我曾听说有一个年轻人去种蓝莓，一直干到第五年才赚了钱。所以，我们在投入本钱之前，一定要再次确认这份事业是否值得投资，具备了必要的投资条件之后，还要进行实质开发方向定案的讨论。要用确凿的数据来逐条进行论述。当你把用途与顾客取向都定义得很清楚的时候，更能发现其中的问题，而且也更能清楚地了解到自己的事业是否符合用途与市场定位。只有这样，才不致把自己的本钱白白浪费掉。

想当老板先打工

大学时代是人生的一个黄金时代，在这个阶段，我们实现了自我蜕变，明确了自己的人生定位。同时，也慢慢地找到了自己的兴趣和价值所在。由于年轻气盛，在大学里，我们总觉得自己可以做成任何事情。可是等我们出了校门才发现，就连找到一份理想的工作都不是容易的事情。

而有的大学生偏偏认为，自己给别人的打工，每天辛辛苦苦却只挣那么一点儿，还不如直接当老板。可是，他们却没有想过，如果一个年轻人连打工都打不好，又怎么能去当老板呢？

有哪位老板不是从基层慢慢地积累经验，然后才开始创业的呢？所以，如果我们还没有创业的经验，还是不要贸然行动吧！不如先去给别人打工，积累了足够的经验之后再行动。

著名的企业家亨利·福特曾讲过这样的一句话："任何人只要做一点有用的事情，那么就会获得一点报酬，这种报酬就是经验，它是世界上最有价值的东西。而且它还是人家抢不去的东西。"由此可见，经验对于创业者具有举足轻重的关键意义。而给别人打工正是积累这种经验的关键过程。

洪明最初创业的时候，刚从大学里毕业不久。由于他家的经济条件不错，所以他想借助父母的力量开一家洗车店。父母很支持他，给他投了几十万块钱。很快，洪明的洗车店开张了。

洪明自己去洗车的时候觉得省力省心，认为这是一件非常简单的事情。可是当他开起了洗车店，这才明白里面有很多的门道。比如说，同行的洗车店会通过办卡优惠、发放礼品，甚至给车主送报纸的方式来拉拢顾客。还有的洗车店专门招收一些长得非常体面的小伙子干活儿，以此来吸引顾客。更有甚者，有的洗车店与汽车维修部开在一起，实现资源共享。

可惜的是，洪明对此并不在行，由于缺乏创业的经验，他的洗车店没有什么顾客，没过多久就关门停业了。

洪明经历这件事情之后，下定决心要好好地去学习别的经验。他进入了一家洗车行打工，从每一个环节开始学习对方的经营模式。当他掌握了一部分技能之后，这才发现，原来洗车也并不是一件简单的事情。几年之后，当洪明积累了丰富的经验之后，这才再度开起了自己的洗车店。这次，事业才逐步顺利起来。

洪明的现象并不是个例。很多人创业失败的主要原因，就是缺乏经验。我们知道，当自己在野外迷路的时候，处境是非常危险的，我们不知道朝哪个方向走才能回家。有可能会越走离家越远。在创业的时候也是如此，如果我们当初连打工都打不好，没有任何的经验，就像迷路了一样危险，早晚会使自己掉沟里去。

我曾听一位人力资源专家谈起过这个问题。他认为当前大学生创业面临3大障碍：首先是缺乏启动资金；再就是缺乏市场经营经验；还有就是所学知识与实际运用联系不紧密。根据他的调查数据显示，第二条位居大学生创业失败原因的首位。由此可见，富于工作经验对于创业者而言是多么重要。

我们大学毕业的时候，虽然已经具备了一定的理论基础，也有相当宽的知识面，可是我们生活的环境毕竟是校园，距离真正的市场很远。关于商海沉浮的规律和商场的游戏规则，我们懂得并不多。同时，由于经验所限，大学生缺乏实际的经营管理能力和各种理财能力，也达不到独立创业的要求。这样一来，就直接导致自己在创业过程中处理各种具体事务时显得力不从心。大学生要完成从学生到创业者的转变，一定要突破经验不足的瓶颈。因此，我们在创业之初，不妨先去打工，积累了丰富的工作经验之后，再谈创业的事情。

那么，具体来讲应该如何去做呢？

首先，我们不妨在创业之前先去打工，通过在职场上的锻炼获得创业的初步经验。我们可以先了解自己的兴趣、特长和专业背景，找到一份合适的工作，这份工作一定要与自己今后选择创业有着必要的联系，以备积累经验之用。在打工的过程中，我们可以对这一行业的社会需求和发展前景进行深入了解，以衡量自己将来创业时从事这一行业的想法是否可行。此外，还要根据实践中自我适应程度的反馈信息积极进行思考，反思和调整自己创业的目标。

其次，我们在打工的过程中，要积极寻找与自己能力相吻合的事业，寻求创业的机会。在创业之前，我们可能还没有想好要做什么，具体怎么去做。当我们去给别人打工的时候，可以寻找创业的机会，准确进行分析，然后达到精准的定位。同时，我们还可以考察一下，看看自己是否具备未来当老板的心理素质。比如说，我们的抗风险能力怎么样？创新能力如何？是否有出众的决策能力和领导能力？这些都是我们迫切需要了解和学习的地方。

最后，在打工的过程中，我们还要做好市场调查和分析，准确地掌握市场的信息，做好相关的市场调查，从中总结和寻找经营的思路。对于创业的投资、筹资、成本、收益等等都要作出客观的测算，同时，还应了解一些必要的财务管理知识。可以说，在创业之前，我们必须把自己打造成一专多能的人才，这样一来，才能在创业的时候少走弯路。

"考公"不一定有完美结局

现在，有许多的大学生疯狂地痴迷于考公务员。从书店里热销的那些公务员考试类书籍就可以看出这一点。每年的公务员考试，都会有大量的考生去应试。一个职位，可能会有几千甚至几万个人去竞争。其实，之所以出现这个现象，源于某些考生的思想误区，他们认为考公务员是人生最完美的结局。

事实上，考公务员只是我们面对人生道路做出的一种选择而已，它并非适合每一个人，应该理性对待，而不是盲目地跟随。如果不考虑自己的实际情况，就去报考，结果有可能耽误自己的人生，失去很多美好的机会。

报纸上曾经刊登过这样的一个例子。某位名牌大学毕业生，走出校门之后，一直住在家里当"啃老族"。他对父母说要考公务员，于是每天都抱着书本复习，不理会其他的事情。可是他的运气并不好，虽然他每年都参加考试，但考了七八次却一直考不上。最后无奈之下，迫于生活的压力，他才想到要去找工作。由于毕业多年，所学的专业知识也忘得差不多了，再加上他的年龄虽然大，却没有工作经验，因此勉强找到了一份收入低的工作。想到这些年白白浪费的光阴、精力和金钱，他为当初的选择后悔不已。如果当初他选择一条更适合自己的道路，恐怕现在的境况要好得多。由此可见，并非所有的人都适合报考公务员。

比起高考来，考公务员的难度更大，相当于千军万马过独木桥。就算是我们花费了许多心血，其结果也不一定能让我们满意。由于每年都会有几百万的人参加公务员的招收考试，因此人们戏称之为"国考"。通常情况下，招考公务员的信息会刊登在各大媒体上，吸引无数人的关注。

值得注意的是，每年的公务员录取考试的科目和内容都会进行调整。那些调整后的大纲会在报考前进行公布。这样一来，想报考哪科就要提前准备好相应的考试复习资料。要知道，旧的复习材料是与考试大纲不同的。有一些考生盲目地从网上寻找复习教材的编写资料，有些人更"忙中添乱"，找到一些过时的资料进行复习，这样自然会影响到自己的考试成绩。

在报考公务员的过程中，需要大量的时间来进行复习。如果我们已经参加了工作，有没有时间去学习是个值得慎重考虑的问题。如果我们没有参加工作，那么专门抽取一定的时间准备"国考"，是否有必要呢？大家想一想，自己大学毕业之后，还被父母养在家里，这可不是什么光彩的事情。

另外，考公务员是一个战线非常长的事情。从报考开始到参加笔试，这就需要一个月的时间，而从笔试到面试，又需要一到两个月的时间。就算是面试通过了，还有体检和政审等过程。这些都需要我们考虑在内。战线拉得这么长，就会让我们面临很大的心理压力。

当我们从网上报考的那一刻起，我们势必要分出一部分的精力来用在学习上。如果我们正在上班，那么报考公务员的消息被老板得知后，他们肯定会认为你要留一部分精力应付考试，会认为你没有把全部的精力放在工作上。这样一来，难免会引起老板的不满。此外，在考公务员的时候，还要通过政审这一关。如果你在考公务员的过程中没有和同事处好关系，政审则很难通过。

另外，即便笔试通过了，还有面试。在面试的环节，考生之间会出现很大的差异。有的考生由于在学校期间就做过不少锻炼，比如说一些学生干部，或者一些对文体活动比较积极的考生，表现就会好一些。而有的考生则缺乏这方面的锻炼，他们就很难考到理想的成绩。

有的考生在应对面试的时候缺乏一定的技巧，这样的人很难胜出。面试对考生的要求是相当高的。哪怕你满腹经纶，但是如果口头表达能力欠佳，则很难被录取。有的考生性格内向，在考试的时候表现得局促不安，眼神躲躲闪闪，口才又不好，只能眼睁睁地看着别人对答如流了。还有的人性格腼腆，不善于与别人交流，同样难以取得好成绩。

此外，在进行面试的时候，公务员强调"综合素质"。这对考生的要求是很高的。比如说，如果你应聘的是媒体推广单位，你就得提前对各大门户网站做出详细的了解，你要知道他们的网站表现内容，了解网络媒体的特点是什么样的。如果你应聘的是文字秘书的岗位，那你必须写得一手漂亮的好文章，写作能力超强。这些都是对考生最基本的要求，每个岗位都有所不同。公务员参加面试的时候，对仪表、涵养和个人的礼节等方面要求很高。比如说，在面试的时候，动作举止要文雅有礼。考生的综合分析能力也在重点考察的范围之内。无论是做事还是做人，都要有较强的沟通能力和协调能力，考官非常重视这一点。他们会提出很多的问题来考察考生，观察其表达观点是否明确，逻辑线是否清楚，观点是否成熟，不混乱。

就算笔试、面试都通过了，正式成为公务员的一名了。其实这份工作也没有我们想象中的那么好。有很多的人认为公务员收入很高，而且福利相当好，甚至到了年底的时候，还有一笔数目惊人的奖金。事实上，这只是人们从网上得到的刻板印象。据我所知，大多数的公务员工资水平并没有网友们评论的那么高。我的一位朋友，在广东省的一个清水衙门里任职，有一次，他对我谈到公务员的薪酬和福利待遇的时候说道，自己现在每个月所有的收入都加在一起也只有4000元，这个数目在当地而言，根本称不上高薪。

另外，据调查的实际数据显示，有的年轻人进入公务员体系，成为大学生村官之后，如果进入了一个贫困县，由于县的财政困难，他们可能连工资都要拖欠一段时间才能收到。还有的人会按档案工资发放工资。这些人每个月只能收入一千多块钱。这在我们的心中是难以想象的。

综上所述，"考公"并非我们想象中那样完美，所以，我们不妨慎重考虑后再做出决定。再者，据生理学和心理学专家研究后认为，24岁到27岁是人的一生中各项生理指标处于巅峰的时期，这时人如果参加考试，很容易考出好成绩。所以，如果我们确实有考公务员的打算，不妨等大学毕业后，在社会上多锻炼一段时间再去参加考试，到了那时，相信你的想法会更加成熟和稳定。

考研读研的成本问题

提到考研，现在有很多的人变得更加理智起来。人们再也不会像多年前那样，一窝蜂地跑去报名了。更多人的会在是否考研这个问题上举棋不定，开始衡量考研的成本对自己而言是否合算。

考研的成本概括起来，可以分成这样几个方面：一是时间成本，我们需要花费大量的时间去准备考试；二是精力成本，因为这是一项费心费力的工作，我们需要耗费大量的精力去完成这项工作；三是经济成本，如果读研就要放弃工作的机会，这样一来，收入就会少许多。我们在决定考研之前，要把这些问题认真地想清楚。

我的一个朋友原来是北大中文系的高材生，他对中文尤其喜爱，这也是支持他选择考研的精神支柱。当年，大学毕业的他进入了北京一家知名的报社工作，并得到了重用。可是他一心想重返北大的课堂，期望着能考上北大的研究生。此后的日子里，他除了工作之外都埋头苦学，终于实现了自己的梦想。

几年之后，当他研究生毕业之后重新寻找工作的时候，才发现现在的就业形势已经变得相当严峻了。他很难进入原来的报社工作，也更难找到像那样理想的工作单位。后来，他不得不去了一家小媒体公司工作，收入还不及原来的三分之二，这让他感到极为失落。虽然他事后多次和对方联系，想重新回到原单位，奈何编制已满，根本不可能再挤进人去。后来，这位朋友常常感叹，自己一生中最后悔的事情，可能就是考研这件事了。

我朋友的经历值得人们同情。现在，研究生在就业的时候，并不一定比那些大学毕业生具有优势。在一个好的工作机会和考研的机会面前，人们往往更倾向于选择前者。

如果我们选择了考研，就要面临很多的问题。比如说，如果我们考上了研究生，为了上学，就必须放弃自己眼前的工作。此外，考研的过程很漫长，很艰辛，在这个过程中，我们要付出许多的精力、时间和金钱，甚至有的人还会因为考研把自己的身体累垮了，这真的是得不偿失。此外，考研考博的机会成本太大了，也许在读研究生期间，我们要放弃很多就业机会、升职机会、积累工作经验的机会等等，这些都是我们可以接受的吗？

张强在上班不久便萌生了考研的念头。为了考上研究生，他放弃了下班之后与同事们沟通的机会，放弃了一个心仪的职位，因为如果他接受了这个职位，就必须经常加班，很可能再也没有时间学习了。此外，他还放弃了一切与个人相关的休闲娱乐活动。可是他考了一次又一次，却始终没有考上研究生。用他自己的话来讲，那就是"屡战屡败"。由于受到了考研失败的打击，他整个人的精神也变得有些消极。可以说，考研带给他的只是伤害。

张强的经历虽然有些特殊，可是也代表了部分考研一族的不幸。考研并不是一件简单的事情，我们需要综合自己的情况做出具体的决定。

那么，我们可以从哪几个角度去考虑呢？

首先，我们要彻底想清楚自己考研的动机，我们是为了学历，还是为了学术深造去考研的？我们还是为了将来更好地就业去考研的？不同的选择，决定了我们不同的出路。我们一旦做出决定，就很难再走回头路。因为时间成本是最宝贵的。一旦时间失去了，它将再也不能够回来。人生之路虽然很漫长，可是最宝贵的青春年华也就那么几年，如果把时间花在考研上，我们势必要放弃许多，这样做是否值得呢？

其次，我们要为自己准备一条后路。没有人敢保证自己百分之百能考上研究生。即便你的学习能力不错，很会应付各种考试，但是还有发生万一的时候呢？所以，千万不能对考研产生孤注一掷的赌徒心理，这样就会给自己增加很大的压力。

另外，不能把考研当成一件太功利的事情。有的考研是需要兴趣的。如果自己对考上的专业并不喜欢，那么在漫长的读研路上，很难会真正地投入，更难有效地坚持到底，成绩也难以达到理想。这样一来，将来毕业之后，是否还从事与之相关的行业，会变成自己面前的一道难题。

每个考研的人都有自己考研的理由，无论我们是为了学术还是为了理想，为了将来找到更好的工作还是为了提高自己的学历，或是二者兼而有之，都没有绝对的对错之分。

有的人虽然选择了考研这条道路，却对考研的课程并没有特别的亲切感，甚至对此感到厌恶，在这样的情况下，选择考研无异于对自己是一种酷刑。若是带着厌恶情绪，想要考出好成绩也几乎是不可能的。所以，当我们拿起复习材料之前，必须提醒自己，若没有充足的理由，又何必走进这苦痛的考研生活？如果对考研的成本考虑成熟了，做出决定了，并且走上了考研的道路，那就要全身心地投入进去，不要三天打鱼，两天晒网。事实上，考研更像是一场马拉松式的爱情，而不是暂时的相亲，所以，在比赛之前，一定要慎重做出决定，以防止将来后悔。

留学的可行性报告

　　提到留学，古已有之。早在几百年前，就已经有了漂洋过海求学的先例。现在，人们已经把留学视作一件很平常的事情。十几年前，人们谈到出国留学就会感觉是去"镀金"。那些从海外留洋回来的人也比较好找工作，很容易获得一份高薪的职位。可是现在，有很多的"海归"却变身为"海带"，只能用待业来概括当前的状态。于是，关于要不要出去留学的问题，又引起了人们的关注。

　　我们不得不承认的是，中国的高等教育距离世界的一流水平还是有差距的。比如说中国的顶尖名校清华、北大在世界排名也仅在前五十名左右。现如今，随着经济条件越来越好，有很多的年轻人在家庭的资助下，产生了去国外留学的想法。然而，留学是一项非常大的投资，需要我们进行理性的规划。

　　我的邻居曾经花费巨资送儿子小林出国留学。可是，在小林四年的求学过程结束之后，小林回国之后，却从海归变成了"海带"，天天闲在家中。他的一日三餐都由父母照顾，虽然一直外出求职，却没有找到合适的工作。在这个过程中，父母只好拼命地找关系，四处托人帮忙，想给儿子找到一份好工作。虽然小林有一纸文凭，可是这纸文凭却并没有让他学到什么实用性强的东西。因此，他也一直难以找到高薪的工作。

　　小林的父母甚至有些后悔送儿子去国外留学。当初，为了送儿子上学，他们把家中的两套房子卖掉了，换了一套小房子，另外，还搭上了自己多年的积蓄。儿子出国留学，每个月的花费都在一万以上。此外，小林在国外过得并不轻松。由于语言方面他不占优势，再加上生活圈子很封闭，所以，他结交的朋友大部分都是中国人。这些人比较讲究攀比，小林为了自己的面子，只能跟家里要钱。由于自己的英语水平不行，他也只能勉强就读于一所中下水平的大学。这样一来，他拿到的大学毕业证自然也就没有什么含金量，自然也就找不到什么高薪的工作。

　　留学归来的人确实会有一定的优越感，让人感觉是"镀过金"的。但是像小林那样的人，留学并没有起到多大的作用，反而浪费了家里很多金钱，甚至浪费了小林最宝贵的几年时间。现在，企业招聘人才看重的是能力，而不是学历。不论你是否从国外回来，都会面临着就业压力。再者说，现在"海归"不像以前那么吃香了，因为企业招聘的人士也变得理智起来，他们也发现现在有些"海归"与"人才"划不上等号。有些留学归来的人，并不比在国内上大学的人强多少。

　　而那些"海归"们则认为，如果自己的工资待遇或者发展空间比不上当地的人，那么这国外的学就白上了，根本没有体现出自己的价值所在。这样一来，他们就会挑选工作，如果没有合适的，他们甚至想在家里当"啃老族"。这样的经历让人扼腕叹息。

　　那么，面对众多的选择，我们有没有必要去国外留学呢？

　　首先，我们应该认真分析一下自己的情况，再决定是否去国外留学。大家都知道，去国外留学要投入大量的资金。这对经济条件一般的家庭而言，确实是一个很大的负担。如果归来后能找到合适的工作，收入高一些，那还好，如果像上文中提到的小林那样，根本没有找到工作，岂不是"蚀本的买卖"？

　　另外，有相当一部分国外学历是不被国内的企业承认的。我曾在报纸上看到这样的一则新闻。有一位年轻人去澳洲的一所高校攻读专科文凭，毕业后准备在国内就业。因为求职需要，他开始向有关部门申请办理国外学历学位认证。这只是一个普通的流程，他也没有过多的担心，结果当他把把一切材料都准备齐全交上去之后，却被告知认证没通过。当时，这位年轻人大吃一惊。后来才得知，他所就读的私立院校尚未被中国教育部认可。也就是说，这位年轻人在海外留学所获得的学历学位在国内不被承认。

　　我们还要认识到，有的国外的学历或者专业在国内并不占优势。在回国的大量留学生中，博士、硕士、本科、专科等各层次学历毕业生非常多，同样，在国内高校不断扩招的大背景下，国内硕士、博士毕业生也在大量地增加，随着时代的发展，"海归"学历相比国内毕业生已无明显优势，更有甚者，由于国外的教育制度，那些从国外学习到的知识，并不一定能适用于国内的企业，相比较而言，有的公司宁愿招收本国重点大学毕业生。

　　最后，我们要认识到，如果自己打定主意去国外留学，那么在出国前，一定要把自己的眼光放得更加长远一些。目前来讲，定位困难是海归就业的最大阻碍，智联招聘有一项调查中显示，有近55.15%的人认为"高不成，低不就"的模糊定位是海归就业面临的最大障碍。因此，我们可以选择那些国内紧缺的行业去学习，这样一来，就业的压力就会缓解不少。当然，在这个过程中切忌盲目跟风。如果能考入理想的国外大学就读当然好。如果没有，也可以尝试新领域。把自己的未来规划好，那么出国留学将不再是一项难题。

SOHO 也有技术含量

　　随着中国互联网信息化的高速发展，网络给我们带来了更多的机遇。现代的年轻人崇尚自由，他们厌倦了朝九晚五的生活，于是有很多的人选择在家就业，也就是去做 SOHO 一族。现在，这已经不算是什么新鲜事了。所谓 SOHO 一族，指的是将办公室放在家里或者独自租用一个小办公室来进行办公，一个人顶起一片事业的天空。听起来这个主意似乎不错，时间上可以自由安排，而且既能赚钱，还能安排好自己的私人时间，两全其美，但事实上真的是我们想象的那样吗？

　　让我们先来了解一下这一行的相关信息吧。SOHO 代表了一种自由开放，弹性比较强的工作方式。SOHO 一族代表着专门的自由职业者，比如说自由撰稿人、平面设计师、工艺品设计人员、艺术家等等。这些年来，随着互联网在各个领域的广泛应用，在家办公的方式已经开始被越来越多的人尝试并且接受。

　　事实上，自由职业者也有自己的烦恼。他们虽然不隶属于任何一家公司，但是却要为各种各样的人打工；虽然没有自己的老板，却要事事都去操心，比当老板的人还要累。由于没有为固定的公司工作，就不会有固定的收入，有时他们还要为基本的生活费而担心。随着互联网的纵深发展，国内出现了越来越多的适合自由职业者的工作，于是，有的年轻人把目光投向了这一族。

　　叶佳大学毕业后，曾在一家小公司上过班。可是没过多久，她因为和上司吵了几句嘴，便赌气辞职回到家中。刚开始，她还四处找工作，可是由于屡次遭遇挫折，她便放弃了找工作的念头，转而想到要去做 SOHO 一族。

　　叶佳是学网页设计的，她在网上四处寻找就业的机会。后来，她总算接到了一项关于网页设计的工作，并顺利地完成了工作任务，很快，客户将几千块钱的酬金打到了她的银行卡上。叶佳从网上挖掘到了自己的第一桶金之后，更是干劲十足，她决定从此之后，专门在家当 SOHO 一族。

　　可是谁料接下来的日子却并不顺利。有时一连几天都可以接到工作任务。可有的时候却一连好几个月都没有收入，这让叶佳感到非常沮丧。事后，她总结了一下经验，发现自己还不具备独立当 SOHO 一族的能力。须知，有专业技能的人就算是本领高超，可是如果没有足够的门路来包揽工作，同样也很难挣到钱。

　　还有一种情况，有的年轻人在最初选择做自由职业者的时候雄心勃勃、志得意满，似乎挣钱的事情手到擒来，不费吹灰之力。可到实际操作的时候，我们却发现，有很多的事情并没有我们想象中那么容易。

程天浩在医药公司当业务员的时候，每个月的工资都能挣到不少。后来，他萌生了在家做药品生意的念头。可是当他做完几笔生意之后，立刻意识到了一个问题——自己的本金没有了。眼下，有几个拿到药的客户总是一而再，再而三地拖欠自己的货款，这真是让人恼火。没有了货款，他连进货的钱也没有了，无法将生意继续维持下去。再者说了，当初自己在大公司上班的时候，如果客户拖着货款不给，可以采用"公对公"的方式解决。可是现在他只是一个小小的生意个体户，人家根本不拿他当回事，甚至货款都不能按时付。他总算尝到了当自由职业者的艰辛。

程天浩的遭遇并非个例，有很多的自由职业者都会遇到这样或者那样的问题。虽然说自己不在公司上班，不用看老板的脸色，也不用去伺候别人，可事实上，会比老板还要累，毕竟所有的事情都要自己去操心，有时候考虑不周，还会给自己带来一连串的麻烦。所以说，当自由职业者还是有一定风险的，需要三思而后行。

当然，如果我们下定决心要做这一行业，那么就要想办法扩大自己的业务范围，想办法赚钱。自由职业者也有自己的优势，时间分配上比较自由，另外，也不用耗费更多的精力和时间在无谓的事情上。而其中最重要的是可以做自己喜欢的事情，并且从中赚钱。

另一方面，工作经验也很重要。大部分的自由职业者都是先积累了一定的工作经验之后才开始独立工作的。如果职场新人从零开始自己的新工作，恐怕要耗费一定的时间和精力。我曾在网上看到这样的一则新闻：有一位年轻人最初成立自己的漫画工作室，却总是接不到活儿，没有经济收入的他只好放弃家中舒适的生活，去公司找了一份工作，慢慢地积累自己的工作经验。真是不做不知道，工作之后他才发现，有好多专业知识自己原来根本就不懂。这也是他在家里做不下去的重要原因。

后来，他通过在公司的工作获取了更多的经验，让这些经验成为事业发展的垫脚石。此外，他这样做还扩展了自己的视野，提高了自己的工作能力，并尽快地让自己的事业步入了正轨。工作几年之后他离开公司去创办自己的漫画工作室，很快做得风生水起。

这位年轻人的经历值得我们借鉴。我们大学毕业之初就盲目地选择待在家里当自由职业者，由于对这个社会缺乏足够的了解，又对当前的情况不是很熟悉，很可能会陷入困境。相反，如果我们学会摆正心态，先到社会上干一段时间，积累一些人脉和做事的门路，情况就会好很多。在这个过程中，我们还可以清楚认知自身劣势并积极控制和改变，从而达到提升综合竞争力的目的。这样一来，当自由职业者就会增加更多的把握。

"毕婚族"能走多远

前几天，我的一位亲戚感叹，现在的大学生怎么了？怎么这么早就结婚？原来，他的儿子大学刚毕业就领了结婚证，现在正在忙着筹办婚礼呢。

可以说，他的儿子是典型的"毕婚族"。所谓毕婚族，是指一毕业就结婚的大学生。现在，有很多的大学生把结婚当成一种出路，特别是一些女生。她们觉得与其面对沉重的择业压力，不如先结婚，当个家庭主妇，享受安静的婚后生活。这个主意听起来不错，可是在现实生活中，那些毕婚族能走多远呢？

让我们先分析一下毕婚族可能会面临哪些问题：

首先，充当"毕婚族"的年轻人，往往在结婚之初还没有定性，还不具备足够的人生责任感，对于婚后的生活也没有良好的心理准备，最重要的是，可能对于婚姻中存在的问题的解决能力还不够强。换句话讲，也许他们自己本身还都是孩子，马上却要面临如何照顾孩子的问题，有可能会因为缺乏足够的家庭责任感而让婚姻关系陷入僵局之中。

其次，从经济的角度来考虑，有些男生在大学一毕业的时候，事业发展和财富积累刚刚起步，而且缺乏足够的社会和生活经验，当他们担负起养家的责任时，能否抗得住压力呢？这也是我们迫切需要考虑的一个问题。

再者，当今社会生活丰富多彩，充满着诱惑。如果我们过早地结婚，可能当时自己心里并不清楚需要一个什么样的生活伴侣，带有一定的盲目性。这样一来，婚姻的稳定性就会很差。当诱惑袭来的时候，我们会发现，原来这种婚姻就像是建在沙滩上的堡垒，根本经不起任何水浪的冲击。这样的问题，显然也不是我们想碰到的。

此外，有一些"毕婚族"都是温室中成长的"小公主"与"小皇帝"，缺乏独立的意识和能力，当他们走到一起的时候，谁承担更多的家务往往会成为大家争论的话题，甚至会成为引发家庭矛盾的导火索。因此，很多的毕婚族往往因为不断地爆发口角而解体，究其原因，主要是缺乏足够的独立生活的能力所致。另外，过早地步入婚姻生活，将来就要把过多的精力投放到家庭生活中去。那么，当你的另外一半非常喜欢社交圈子，不断地参加外面的活动时，是不是会有脱离家庭生活的危险呢？这也是我们需要迫切考虑的问题。

下面，让我们来看看"毕婚族"的例子。

沈蜜大学毕业的时候，嫁给了一位有钱的钻石商人。她本以为自己从此之后可以衣食无忧、安享幸福生活了。可是没过多久，她便发现老公有了外遇。而且老公甚至还以此威胁她，如果她胆敢为了这事大闹，他就选择离婚。她思前想后，选择了忍气吞声。可是老公却变本加厉起来，开始在外面四处拈花惹草。沈蜜再也受不了了，只得提出了离婚。

几年之后，当别的同学事业有成，风风光光地出现在她的面前时，沈蜜却在研究着找工作的简历怎么写。面对自己从零开始的事业，她心里百感交集，如果当时选择另外一条路，那么她的人生是不是就不会如此不幸？

沈蜜把自己的幸福全部寄托在别人的身上，放弃自己的事业，也放弃了自己的人生。就算是她不离婚，可能也要一辈子跟自己的家打交道，社交圈子会很小，而且人生也会变得很苍白。这样的人生经不起大风大浪。须知人生最美好的时光，也就那几年。她在青春年少的时候选择把自己局限在家这样的小圈子里，未尝就是一件明智的事情。

当然，也有的毕婚族还会参加工作。可是一毕业就结婚，往往随之而来就是生孩子的问题。过早地担起养育子女的责任，可能会让很多的年轻人不适应，有了孩子的拖累，工作就会受到一定影响，因此，面对这些问题，我们一定要处理好。

有的心理专家认为，毕婚族要全面多角度地去理解和透视。有的年轻人在大学校园里就已经开始谈恋爱了。他们有了几年的感情积累，然后选择在大学毕业的时候结婚，也是顺理成章的事情。

可事实上，有的年轻人把结婚当成了一种出路。特别是一些女生，她们觉得如果在大学毕业后嫁给一位有经济实力的男人，就是找到了一种人生的"好归宿"。这样的结果，不得不令人感叹。

还有的女生认为，如果大学毕业时不结婚，等到自己将来变成"剩女"的时候，再找对象不就更困难了吗？不如趁现在年轻把自己嫁掉。这倒是一个实情，在现实生活中确实存在着这样的问题。在上海部分高校就业指导中心，工作人员曾经进行了这样的一项调查。他们认为女性的学历会对她们的婚姻产生一定的影响。比如说，有的女生一直读硕士、博士，等到读完博士，已经很难找到与自己学历一样的男友。如果找到一个学历不如自己的男友，她们会觉得脸上无光。于是很多的女生便有了这样的一种错误认识：如果学历太高，会影响到自己将来人生的幸福。这也是催生毕婚现象的一个重要原因。

还有的女性刚入职场的时候，因为资历尚浅未能得到重用，她们正处在与公司的磨合阶段。因此，为了实现事业和家庭的平衡，有很多的年轻女性选择了早点结婚生子。这样一来，将来自己的工作面临升迁的时候，就不会感到太为难。

美国心理学家凯特·沃斯说过这样的一句话："一个人的成熟与否才是维系婚姻的重要因素。"因此，在进入婚姻之前，不妨先问问自己，是否已经具备了成熟的心理状态，然后再做出选择。当然，爱情没有公式，婚姻也没有固定的模式，每个人的情况不同，具体的情况要具体分析，不过，有一点很重要，那就是在做出决定之前，一定要考虑好，要学会用成熟的心智和态度去面对自己的感情，处理好自己的婚姻问题。

第七章

适应角色转换，别再幻想别人替你搞定一切

面对社会这个大熔炉，很多大学生刚毕业的时候往往搞不清自己的身份，以及要以什么样的态度应对这个世界。其实，毕业生最重要的是要完成角色转换，从学生到职员，从被照顾到照顾自己照顾家人，从花钱到挣钱，从单纯消费到习惯理财。凡事都要对自己负责，这才是成熟的标志之一。

本章导读

◉ 上学是花钱,上班是挣钱

◉ 吃苦是毕业后的第一堂课

◉ 别太把自己当盘菜

◉ 学会变通,别太"老实"

◉ 从一穷二白开始理财

◉ 杜绝"朝九晚五"抑郁症

◉ 人穷志不要短

◉ 学习并不局限于书本

上学是花钱，上班是挣钱

前一段时间，我去律师事务所看一位朋友，认识了另一位在律师事务所工作了一个多月的律师助理小雪。小雪的工资并不高，第一个月只拿到了2000元钱。按理说这点可怜的薪水勉强能维持她的基本生活开销，幸亏她是本市人，和父母住在一起，没有租房子。否则的话，这些钱还不够她自己花的。

可是让我们大跌眼镜的是小雪居然在拿到工资的第二天就跑去买了一部新上市的苹果手机，花了近5000元钱。也就是说，她不仅把自己挣的工资花了，还朝父母要了一部分"赞助"。听到这个消息，我们啼笑皆非。不过，小雪对此倒是理直气壮。她说："我爸妈赚钱很多，他们就我这一个女儿，那些钱不给我花给谁花？"听她那意思，仿佛"啃老"啃得天经地义，而且还是在给父母面子。

听说了这件事情之后，我感慨万千。这个小雪的思路显然还没有扭转过来。上学时，我们在花钱，父母给钱也无可厚非；可是现在我们上班，是在挣钱，难道还好意思向父母伸手要钱花吗？诚然，有的学生家庭条件好，父母也希望能让自己的孩子吃得好，穿得好，可是从一个纯消费者转变成上班一族，难道我们就不能自食其力吗？

在美国，父母为了锻炼孩子们的能力，早在孩子上大学的时候，有的就已经要求他们独立生活了。更有甚者，孩子大学一毕业，便要完全靠自己的能力在社会上生存，挣钱多少都与父母无关。不管他们挣钱够不够花，绝对不可以再向父母伸手要钱。

而在我们的国家，有的年轻人大学毕业多年之后，还在依赖父母，比如说结婚，需要父母出钱买房子，生子，需要父母帮忙照料。在父母的庇护下，过得心安理得。

在我看来，这样的生活方式并不值得提倡。年轻人刚踏入社会，工资确实挣得不多，可是这并不能成为向家长伸手要钱的理由。钱不够花的时候，我们除了提高自身的能力，努力赚钱之外，不应该屡屡向父母伸手。当"啃老族"可并不是什么光荣的事情。

更有甚者，有的年轻人长期失业，一场又一场的面试下来，他们总是找不到适合自己的工作。难道找工作真的这么难吗？显然不是。因为有相当一部分比例的人都觉得自己有父母可以依靠，他们可以有恃无恐。

还有一些年轻人工资很少，而且面对生活成本的节节攀升，他们有心无力，挣的钱根本不够花，所以被动地啃老。再加上有的年轻人崇尚高品质的生活，因此沦为卡奴、房奴、车奴、婚奴、孩奴……就这样在不知不觉间全面进入一个现代版的"奴隶社会"，连自己都照顾不过来，更别提照顾父母了。这样的情形，着实令人感叹。

我们这些年轻人，有手有脚，年富力强，应该靠自己的双手养活自己。父母把我们抚养长大，已经花了不少心血，难道我们还要继续啃老下去吗？父母给了我们一个健康的身体，我们现在上班了，就不应该再榨取他们的血汗了。自己已经有了收入却还要去挥霍别人的血汗，于心不安，于理不通，于情不合。

有一本书中讲了这样的一个禅修故事。百丈禅师是一位德行高深的大师，当他清修的时候，极力提倡"农禅"。意即下地去劳动，用收获的农作物来养活自己。有很多的佛教徒认为他这样做根本就没有必要，因为禅师手下有许多弟子，完全可以供养他，让他生活得非常舒适。可是百丈禅师不为所动，仍然以身作则，亲自带领徒弟们下地劳动，并且发誓说要"一日不作，一日不食"。时间一年一年过去，大师的年龄越来越大，随着岁月的流逝，转眼大师到了晚年。他再下地干活的话，体力明显不足，只干上一小会儿就会气喘吁吁。众人劝告过他多次，可是他仍不为所动，坚持下田劳动。

有位弟子实在看不下去了，就把大师的劳动工具藏了起来。本以为大师会就此作罢，谁料他却说："我没什么德行，怎么敢让别人养着我呢？"接下来的日子里，他便以绝食抗议徒弟们的关心，"我既然发誓一日不作，一日不食，就该终生遵守。现在我没工具下地干活，违背了誓言，就只好用绝食来谢罪啦。"这样一来，把徒弟们吓坏了，大家只好又把工具还给了他。

这个小故事告诉我们，自食其力的德行修养对一个人而言极为重要。哪怕我们的收入不高，但是也不能总是依靠父母，收入低并不能成为啃老的理由，就像是禅师所言的，年老体衰也不能成为不劳动的理由。况且，相比较大师的自立，年轻人应该感到汗颜才是。

事实上，年轻人上班挣钱之后还要靠父母养活是一种懒惰的表现。年轻人有的是精力和智慧，挣钱少可以节省一些，最重要的是一定要有上进心，努力去寻找职场的上升渠道，让自己的收入不断地增加。终于有一天你会发现，自己的收入不仅可以让生活过得很舒服，还能让父母过得非常幸福。当我们拿着自己的工资去供养老人的时候，那种幸福是无以言表的。

吃苦是毕业后的第一堂课

年轻人最不应该怕的是什么？当然是吃苦。毕业之后走向社会，我们有很多的事情需要学习，而吃苦则是大学毕业后的第一堂课。

有一天，我去邮局取别人寄来的书，亲眼看到了这样的一幕场景。有一个年轻人正在扛邮包卸车。当时，他累得满头大汗，却不肯歇一会儿。后来，我才从他的几个同事议论中听到，这个职员是新来的。他毕业于全国有名的邮电学院，是个高材生。这些活儿他原本可以不用干的。可是他却帮着同事们一起工作，深受大家好评。这位年轻人的行为让我感动，现在，还有多少年轻人能像他这样不怕吃苦呢？

在招聘会的现场上，我曾经听到有的年轻人向主考官请教："这份工作累不累？""是不是需要经常加班？""是不是还要出差？"类似的话还有很多，无非就是一个意思——我不想找一份太累的工作。

确实，人类天生就有贪图安逸的本性。可这却并不是年轻人的特权。一个年轻人如果怕吃苦，在事业上不会有什么突出成就的。怕吃苦的人往往精神状态不是太好，缺乏一定的进取心，也没有克服困难的勇气。此外，怕吃苦还会让许多年轻人失去良好的发展机会。我的一位朋友是个记者，她对我说，自己最后悔的一件事情就是在实习的时候，放弃了去抗洪一线采访。如果她当时去了抗洪一线采访的话，不仅可以得到难得的机会锻炼，而且还有可能留在一家大型的报刊集团任职。可惜当时她心生怯意，既怕自己吃不了那种苦，又怕自己遇到生命危险，就这样前怕狼后怕虎，最终与留任大的报刊集团的机会失之交臂。

在生活中，这样的例子不是少数。世间有太多的有才华的人被埋没，都是因为对客观境遇妥协所造成的，都是不想吃苦、不愿努力、不肯奋斗造成的。年轻人大多都有着美好的梦想，有的人想成为伟大的企业家，有的人想成为步入太空的科学家，还有的人想象自己在商界叱咤风云，或者在影坛上崭露头角……那些辉煌的影像似乎在我们的脑海中闪现，可是很少却有人想到，将来要当一个普通人。甚至有的年轻人有偏见，认为吃苦只是普通人干的事情，与自己的大事业没有关系。可是当这些人真正进入社会之后，就会明白生活中的琐碎远比激情要多，再伟大的事业也是需要伏下身子做事的。在我们的工作中，吃苦是真实生活的一部分，我们必须正视它，接受它，并且习惯它。当然，我们有权利享受生活中的欢乐，可是吃苦也是生活中不可避免的经历，它会让我们变得更加成熟。

有很多的企业家都是白手起家的。在创业之初，他们都洒下了辛勤的汗水。比如说富商李嘉诚，他曾是米面粮店的一个小伙计，每天扛着米面去给人家送货，又脏又累不说，还被人看不起，但是他却渐渐从中积累了经验，后来开起了属于自己的商店，并成功掘取了第一桶金。

　　在我们的身边，这样的事情也非常多。我认识的一位电视台的导演，最初进入剧组给别人写戏的时候，天天跑来跑去地打杂，给人家扛摄像机，给人家演员找服装，或者干一些其他的杂活儿。可是时间长了，他渐渐通过吃苦赢得了别人的好感，很多人开始教他一些拍戏的知识。渐渐地，他入了行，并成功地得到了属于自己的第一次拍戏的机会。由于在剧组能吃苦，学到了不少东西，所以他的第一部片子拍得得心应手，很快就获得了投资方的赏识，从而一举成名。

　　这位导演谈起此段经历时，仍旧感慨万千。如果没有吃苦的经历，他也很难学到这一行的许多经验和知识。现在，有很多人年轻气盛，一心想拍出一鸣惊人的片子。他们往往不屑去做一些小事，好像自己生下来就应该是被前呼后拥的，要被众人捧在手中呵护的。这样的想法，绝对不会对他们有丝毫的益处。

　　曾获得诺贝尔奖的莫言，谈到自己的经历时感慨地说，如果没有在山东高密县那段吃苦的岁月，恐怕自己也很难写出如此深刻的作品。确实，吃苦让他增长了生活经验，也让他对文学作品多了更深层次的感悟。

　　有很多的年轻人对这样的经历不以为然，他们觉得，吃苦与自己所拥有的前途和事业无关。其实，他们这样想的时候，相当于把自己的理想放在空中了。这样的理想只能是空中楼阁，永远不会建成。因为在通往实现理想的路上，他没有脚踏实地，更没有具体地去做实际的工作。所以理想变成空想，也是在情理之中的事情。

　　在人类的身上，有许多良好的品质都与吃苦相关。辛劳就像是淬金的火焰，让我们从一块顽固的矿石淬炼成黄金，在众人的眼中变得闪闪发光。当我们成功的时候才会发现，正是由于经历了这些辛苦，我们才有今天的成就。我们在吃苦的过程中还会收获许多，坚强的品格、不屈不挠的精神、追求成功的勇气、不可磨灭的自信，再加上高尚的人格，都会随之而来。在辛苦面前，我们还会让自己的意志变得更加坚强。当我们向着自己的理想前进时，就会发现，辛劳已经把我们打造成了金刚不坏之身，再也没有什么困难可以动摇我们的意志，损害我们的能力，破坏我们的前途。艰辛会成为我们人生中一笔不可多得的财富，带着我们不断走向成熟！

别太把自己当盘菜

　　有的年轻人刚走上社会，由于见识有限，总觉得自己很了不起。他们认为自己有理想有抱负，是将来要干大事的人。他们希望周围所有的人都对自己刮目相看，可是当他们把自己"当盘菜"的时候，却发现，自己周围的人并不这么认为，而且周围的人总是对自己投之以失望的眼神。

　　年轻人有抱负是好事，天天想着哗众取宠，甚至一鸣惊人的想法却要不得。生活中那些自命不凡的人，往往都无法完成自己的原始积累。直到若干年过去之后，他们看见比自己起步晚、比自己天资差的人，都已经有了可观的收获，而自己还是两手空空的时候，可能才会明白，当年的自视甚高是多么可笑。

　　我们知道，在这个世界上有很多的人其貌不扬，甚至在行为上也显得很平凡，可正是这些人，往往会做出许多不同凡响的事情来。

　　大家都知道有一个歌唱组合叫旭日阳刚吧？这其实只是一对外来务工者的组合。他们甚至没有系统地学习过音乐，也没有进过专门的培训机构。当他们日复一日地在地铁里唱歌的时候，被人录下来传到了网上，并且被疯狂地转载，终于红遍全国。可是这对组合时至今日仍然显得含蓄而内敛，从来不会爆出什么负面的新闻。他们觉得，即便是现在出名了，自己仍旧是普通的歌手。

　　而有的歌手恰恰相反，他们的个性显得无比张扬，甚至嚣张，他们自命不凡，却招来了骂声一片，很少有人会继续关注他们。于是他们就像是流星一样，很快就在乐坛陨落了。

　　在生活中，那些太把自己当回事的人，往往会惹得别人反感，甚至会招致厌恶，这样的人很难处理好自己的人际关系，更难在事业上有所作为。

　　张川最开始大学毕业参加工作的时候就是如此。他在上班一个月后，竟然亲自越过好几层上级，找到了总经理谈对公司机构改革的事情，结果招到大家的嘲笑，有人甚至怀疑他的脑子是不是有问题。显然，张川的这个行为太过于张狂了，他把自己太当回事了。在他的心中，也许全公司上下只有他自己才有能力扭转公司的局面，从一开始，他就摆出了一种"舍我其谁"的霸气。这样的年轻人往往会被现实挫掉锐气，受到打击，而非来自上司的赏识。

　　事后，上司把他叫去，指责他不知天高地厚。此后不久，他便在经理的指责下离开了公司。这件事值得我们汲取教训。那些自命不凡的人往往在职场上吃不开，这是我多年来总结出来的经验。

也许有的年轻人会说，我刚刚二十多岁，如果一直这么默默无闻下去，那什么时候才能实现自己的理想呢？别急，其实脚踏实地地做好每一件事，才会获得上司的信赖，而且视野会因此而变得更广阔，许多意想不到的机会才会出现在你的面前。

维斯卡亚公司是美国一家非常著名的机械制造公司，许多大学生毕业后到该公司求职都遭到了拒绝，原来，该公司的高技术人员已经招满了，不再需要人加入。但是，公司却刚好缺几名清洁工。

有一个叫做史蒂芬的年轻人，刚刚从哈佛大学机械制造专业毕业，他和许多人的命运一样，在向维斯卡亚公司递上自己的个人简历时被拒绝了。可是他并没有灰心，随后又参加了招收清洁工的面试，他装出一无所长的样子，顺利地进入了公司工作。

公司派他去扫车间的碎铁屑。这是一项简单而枯燥的劳动，如果以哈佛大学高材生的身份去做这样的事情，显然是有些大材小用的。可是史蒂芬却不这么认为，他觉得这恰巧是自己事业的开端。在扫铁屑的过程中，他利用清扫工到处走动的优势，认真地观察产品的工艺流程，了解整个公司各部门的生产情况，并一一作了详细记录。在这个过程中，他发现了不少产品在生产过程中出现的技术性问题，并且提出了解决的办法。他花了近一年的时间搞设计，得到了大量的统计数据，这些数据让他在解决问题的时候具有得天独厚的优势。后来，他利用业余时间对产品重新进行了设计和定位，很快，新的产品样式出炉了。当他把这些样品的图纸交给上司看的时候，对方大吃一惊。闻听这个消息，总经理及董事会的董事亲自接见了他，便询问他的背景以及现状。史蒂芬很快便被聘为公司负责生产技术问题的副总经理。在他的那些同学之中，他的职位是最高的，收入也是最高的。

史蒂芬用自己的低调和内敛赢得了领导的器重，成功地打了一个漂亮的翻身仗。如果当初他自视甚高，恐怕连进入这家公司的机会都没有。

一个太把自己当盘菜的年轻人，是很难具有放下身份，脚踏实地去干活的精神的。要知道，如果你想在社会上走出一条路来，那么就要放下架子，和周围的人配合好，这样才能获得大家的认可。具体来讲，也就是：放下你的学历、放下你的家庭背景、放下你的身份，让自己当一个普通人。不要怕被别人看低，要知道，当对方把你看低了，你依旧可以寻找机会全面展示自己的才华，让别人一次又一次地对你"刮目相看"。而如果你太把自己当盘菜，被别人看高了，你就很难再有周旋的余地。因此，我们还是脚踏实地地去做每一件事，这才会有出人头地的机会。

学会变通，别太"老实"

有句俗话说得好"树挪死，人挪活"。一棵参天大树如果被移到别的地方栽种很难成活。可是相反，如果一个人换一份工作，或者来到一个新的环境，反而有可能会大有作为。学会变通，是我们在这个社会上生存下去的一项技能。

有的年轻人刚刚走出校园走向社会的时候，由于死啃书本，满脑子教条主义，他们往往会固化思维，不懂得如何灵活地去变通。这样的人往往很难适应当前的社会环境。

在问题面前，我们有很多的处理方法。有的人会灵活处理，如果实在解决不了，就会换另外的一种方法解决，试来试去，总有一种方法是对的。因此，我们做人做事，头脑要灵活才对，而且遇到具体的问题要具体分析。

周凯最初进入一家保险公司就职。他拼尽了全身的力气去做业务，甚至不惜花费重金疏通人际关系，一心想签下大单子，拿到提成，过上理想的生活。可是他跑来跑去，浪费了一年的时间，却并没有签下多少客户。他的上司对他讲，只要你坚信自己能成功，那你一定是可以的。

事实上并非如此。周凯在拉业务的过程中越来越感到力不从心。终于，他决定退出这一行业。不久，他应聘进入了一家超市工作。在这里，他谦和的态度和不怕吃苦的精神感染了每一个人，也让他自己迅速获得了升迁的机会。一年之后，当他当上超市的部门主管的时候，他意识到，自己当初更换职业的做法是正确的。

周凯的成功，源于他懂得灵活地变通。有时候，并非你通过努力就能改变一切的。我们都看过海岩的小说《拿什么拯救你，我的爱人》。这本小说先后两次被拍成电视剧上映，收视率特别高。片中的男主人公对自己的女朋友那么好，可是自始至终都没有获得她的芳心。这并不是努力和不努力就能解决的问题。所以，有些事情如果我们已经走到了尽头，就要学着如何转身，然后让自己走出新的一片天空来，懂得变通，是在这个社会上生存下去的第一要则。一个太死板的人往往很难在这个社会上生存。可能有的人会说，执著难道不重要吗？

执著确实很重要，可是，这要看你把它用在什么地方。有的事情值得我们执著，但是有的事情根本就不值得我们去浪费时间和力气。如果一味地按老方法办事，恐怕最后吃亏的还是我们自己。

达尔文是著名的生物进化论的鼻祖。他曾经谈到过一个问题——那些不懂得进化，不懂得变通的生物，会在大自然漫长的发展进程中被淘汰。这一法则同样适用于职场。在职场上，如果我们不懂得变通，就会被人认为死板、机械甚至愚蠢。这样的结果显然对我们升迁不利。

当然，我的意思并不是说执著不可取。它和变通是两种做事的态度，不能单纯地说哪个好哪个不好。如果我们只是懂得单纯的执著或者进行单纯的变通，二者都是不完美的，都会让我们吃苦头。只有将二者完美地结合起来，让它们相辅相成，才能取得最后的成功。

我们在职场上，应与时俱进，灵活发展。特别是在某些特殊特定环境之内，更要配合需求，设计出最好的可行方案，这就是所谓灵活变通。如果事情已经发生了变化，原来设计好的方案用不上，还偏偏要照旧时那个法子把事情做下去，这不是坚持原则，而是蛮干。

有个电视台在播放一部家庭伦理剧的时候，虽然花费了很大的心血，也投资了很多的钱，可是收视率却一直不高，反响平平。后来，电视台的领导立刻做了批复，停止播放这部电视剧。这一行为就相当于壮士断腕，会给电视台造成很大的经济损失。可是从长远的发展角度来看，这一行为又是必要的。为了保住本台的固定观众群体，他们不得不如此。可以说，这是电视台懂得变通的一种做法。很多的时候，我们面对问题不知如何是好，变通更是无从谈起。如果此时有着快刀斩乱麻的决心，事情的处理效果就会好很多。

有的人喜欢当老实人，和老实人打交道，这必没有错。可是任何事情都有一个度。一旦老实过了火，不懂得变通，事情就走向了反面。老实可以，但太老实就要不得了。太老实的人就会变得木讷，变得保守，甚至进化为顽固，太老实的人不懂得人情世故，很难与周围的人搞好关系。

此外，这些人往往不知道规划自己的人生，太老实的人只知道按部就班地生活，没有创新没有突破，遇到问题的时候不懂得如何去变通，只会手足无措。这样的人，无论在哪个单位上班，都不会得到上司赏识与重用的。而且他们的一生往往非常平庸，很难有大的成就。一个太老实不懂得变通的人，哪怕是遇到机会也会放弃，不可能在人生道路上有太大的发展。

变通说到底，其实是一种随机应变的智慧，而这种智慧让人受益匪浅。这是一种思维方式，更是一种对生活的态度。

在生活中，我们会发现，那些机智灵活的人往往会懂得及时变通，知道如何弹性地掌握处事的法则。此外，需要注意的是，所谓灵活变通并不是我们通常所讲的滑头性格。这是一个做事的原则问题。

从一穷二白开始理财

常言说得好:"吃不穷,穿不穷,盘算不好一世穷。"因此,对年轻人而言,理财是人生的一门必修课。不过,也有的年轻人会讲,我现在一穷二白,每个月的工资都不够花,怎么理财呢?

一穷二白就不能理财吗?这是一种错误的观念。"人不理财,财不理你!"你越是不理财,可能就越对理财事情生疏。如果我们是富翁,手下有专门的人打理财务,当然不必去理财。如果我们真的穷到口袋里没有一分钱,那也不用理财。可是现在我们除了吃穿之外,手上多多少少都会有那么一部分闲钱,哪怕只有几百块钱,也值得我们精打细算。鸡生蛋、蛋生鸡的道理大家不会不明白,所以,适当的理财还是很有必要的。

可能有的年轻人会说,理财真的有那么重要吗?让我们来看一个活生生的例子。在德国多特蒙德足球场旁边有一间矮小的房屋,这里面住着一位老人,他在这里的主要工作就是清扫球场,维护球场的清洁,还有就是在比赛开始之前修整草坪。也许有很多的人并不知道,这位老人就是当年叱咤球场的球星和富翁罗塔尔·胡伯。看到这里,你肯定会大吃一惊。一位大富翁缘何沦落到这种境地呢?原因只有一个,他不懂得理财,有钱时大手大脚地花,不善于调整自己的财政收入和支出,最后入不敷出,从而沦落到了现在的这种惨境。

这个故事让我们明白了理财的重要性。要知道,理财并不是一件简单的事情,它关系到我们的幸福和未来。家庭理财并不是要等到有钱了才开始,无论我们是在购物还去银行存款,甚至买菜等,都与理财息息相关。

理财对年轻人而言意义重大。难道你就没有想过,自己计划几年后买房子,几年后买车?如果家里有了孩子,还要考虑几年后,孩子的教育经费问题。等将来我们老了,肯定想过上一个安稳舒心的生活,这些都要靠科学的理财规划和理财手段来实现。

有的年轻人存在着一种误区。他们觉得理财就是省钱,把自己挣的钱一分一分都省下来,攒成一大笔就算是理财了。其实,这是一种误区。

还有的人认为小钱不必省,要省的都是大钱。于是,他们就在一些小细节上大手大脚,最后莫名其妙地花了许多钱,虽然没有花什么大钱,可是小钱源源不断地溜走,让他们手上的钱所剩无几。这样的事情也不是我们想看到的。

生活是由无数个小细节构成的,钱是一分一角组成的,也是点点滴滴地花出去的。人们通常所讲的精打细算，讲的也是用钱的小问题。那些小细节可能会让我们损失一大笔钱，失去一个宝贵的投资机会。有的年轻人对此不以为然，他们甚至提出："今天花明天的钱，那才叫时尚呢！"他们甚至振振有词地说，这可是来自西方的先进的理财观念。可是现在，这种理财观念早就过时了，已经不能作为现代人的生活方式而存在。如果你今天花了明天的钱，可能就会让自己的信用卡刷爆，当银行催着你还账的时候，这可绝对不会是一种舒服的感觉。

　　林茶是个刚毕业不久的女孩子。她可是典型的月光一族。每当发了工资，她就去商场逛，或者买上一套打折的化妆品，或者给自己添置一些包包、衣服等。每当她回家的时候，就会痛苦地发现，自己的钱包又瘪了。她必定会再三地检讨一番。不过，等一个月过去之后，到了下个月领工资的时候，她又会去花钱，买一大堆自己喜欢的东西，把钱包再度掏光。

　　结果几年之后，当林茶失业的时候，才发现自己根本没有什么积蓄，甚至连最基本的温饱都难以维持下去。这种时候，她才开始后悔当初就不应该大手大脚地花钱。可是现在后悔也晚了，只能先请求父母支援自己了。

　　像林茶这样的女孩子，就属于那种拥有不良理财习惯的人。她没有建立科学的理财观，因此天天被钱牵着鼻子走，成为了钱的奴隶，而不是主人。

　　与林茶相反，程林则在生活中精打细算。当初大学一毕业，他就租了一套房子，虽然离上班的地方比较远，可是市中心的房子比较贵，住得远一些可以省房租。另外，如果房子里有家电，租金也会高一些，程林则专门租了一间没有家电的房子，自己去二手市场淘换了一些二手的家电来用。这样一来，他一年就省下了几千块钱。此外，他除了挣工资之外，还跑去外面兼职，收入渐渐地多了起来。慢慢地攒了一笔钱之后，他交了一套房子的首付。现在，他已经是有房有车一族了。

　　纵观程林的经历，不难发现，这位年轻人很有头脑。他通过精打细算积累了自己人生的第一笔财富。可能有的人年轻人会说，我天生就不喜欢算来算去，所以理不了财。

　　其实，理财不是与生俱来的技能，每个人都需要学习，需要学会制订科学的理财规划，理解并善于运用各种理财手段。从小的方面来讲，攒小钱靠节约。而攒大钱则靠的智慧。如果你善于运用手中的财富进行投资，就会给自己创造出更多的财富，于是，你会慢慢地成为富人。富人也是普通人变成的，他们和我们的起步点是相同的。他们之所以拥有今天的财富，主要是因为他们的做事方式不同。

　　理财是一种对现金流量的管理。它不仅仅是对自己那点儿工资的打理，还包括拿积蓄去进行合理的投资。面对手中的钱，是投资到生意，还是花费到吃、住、玩，或者是投资到其他的方面，这些都是我们迫切需要考虑的问题。我们每一个人都需要理财，理财不仅可以让我们未来的生活变得更加美好，而且也可以让自己规避风险。理财需要我们懂得很多专业的知识。我们不妨在业余时间多关注一些这方面内容，学着让自己变成一个理财能手。也许几年后你会惊讶地发现，自己也变成富人啦！

杜绝"朝九晚五"抑郁症

大学毕业后进入职场，就要学会适应"朝九晚五"的生活。每天跑去上班，生活似乎有些枯燥。于是，有的年轻人厌倦了这样的生活，甚至患上了"朝九晚五"抑郁症。

我曾在网上看到这样的一则信息。美国的军人拥有这个世界上最好的装备，他们还有世界上花样最多的军用口粮。但是美国空军的报告显示，17%的无人机驾驶员表现出了抑郁症的特征。听到这个消息，你是否会觉得一愣？

这份驾驶无人机的工作并不需要驾驶员承担什么生命的风险。他们只需要坐在地面的办公室里，对空中的飞机进行遥控就行了。他们通过卫星对飞机下达指令，在工作的过程中，就像是玩游戏一样，再加上丰厚的待遇和精心配制的供给，还有朝九晚五的规律生活，他们应该过得舒舒服服才是，为什么会患上抑郁症呢？

原来，这些军人感觉自己就像被禁锢的囚犯一样，他们每天生活在一个封闭的小空间里，每天和那些枯燥的数据打交道，还要进行一些机械化的操作，整个过程让人感到乏味，不得抑郁症才怪。

在生活中，有一些年轻人也会碰到类似的事情。他们把自己的时间和精力大部分花在流水化作业一样的工作上，并认为这样做没有什么意义，只有利益。如果不是为了一份薪水，他们宁可不做这些事情。久而久之，他们对自己的工作产生了厌烦的心理，从而患上了抑郁症。

从理论上来讲，我们在上午9点到下午5点的时间段里的工作，由于接受了雇佣单位的钱，所以就达成了一种协议，我们必须出卖自己的时间和智慧。这是不需要解释的。可是，如果你的目标换一下，把工作当成是一种挑战，而不是为了领更多的工资，你还会抑郁吗？

有这样的一个笑话。街上有一群调皮的孩子，他们天天踢着一些易拉罐或者别的东西从街道上经过，吵得人心烦。有一位老人实在听不下去了，他跑去和这些孩子交涉，劝告他们不要再这样做了。孩子们却不听，反而把这种恶作剧进行到了极致。他们专门挑老人在晒太阳的时候踢这些东西。老人气坏了。

后来过了一段时间，老人终于想出了一个聪明的办法。他拿着一堆零钱找到这些孩子，告诉他们，如果今天每个人都在他的耳边踢上一个小时的易拉罐的话，将会获得5角钱。小孩子们一听特别高兴。很快，大家领到了钱，开心地踢了一天。可是到了后来，老人渐渐地减少了给他们钱的数目，最后干脆不给他们钱了。孩子们渐渐觉得踢这些东西得到的钱越来越少，他们感到很没有意思。最后，他们再也不踢易拉罐了。

这个故事很好笑，却引人深思。对于那些孩子们而言，原本踢易拉罐是一件非常开心的事情。这件事情与金钱没有关系。可是一旦这种行为与钱扯上了关系，他们就变得在意起来，甚至把踢易拉罐当成了一种劳动的付出，让人感到好笑。他们觉得，自己是为了得到老人的钱而去踢这个东西的。原本轻松快乐的游戏，便成为了一件"力气活儿"。甚至他们觉得如果做了这件事情拿不到钱，自己就太吃亏了。

对我们而言，工作也是如此。有的年轻人就像故事中的孩子们一样，把工作当成了一种苦役，完全没有享受到工作中的乐趣。如果在工作中遇到一些问题，可能他们就更感到烦恼了，好像这是一种折磨。

如果换一个角度来想，事情就不会是这种样子。我认识的一位电视台的编导，当别人把手中的工作视为一种累赘的时候，他却乐在其中。他喜欢一遍又一遍地审视自己的片子，寻找其中的问题，与相关的制作人员探讨。他的大脑中会出现一个又一个的新想法，他会想很多的事情，尽自己最大的努力把工作做得更好。别人上班觉得非常累，他却觉得很开心。他觉得自己的工作是一件很有意思的事情，哪怕工资再低，他也会选择这项工作的。

我的这位朋友当然不会因为工作的问题而抑郁。如果不让他上班，可能他才会抑郁呢！如果我们像这位编导一样考虑问题，把自己的工作当成一种乐趣，又何谈抑郁二字呢？

具体来讲，我们应该如何去寻找工作中的乐趣，改变自己对于"朝九晚五"这种规律生活的抑郁呢？

首先，我们不妨着手制完自己的日程表。比如说，我们设定自己一天中工作8个小时的工作内容是什么。在这份日程表中，我们尽量做到每天都有所不同。如果我们没有办法改变自己的工作内容，还可以尝试着去调整工作的顺序。有很多的工作内容是可以通过调整工作顺序来发生变化的。这样一来，你就会有不同的感受。

其次，我们不妨尝试着增大自己的工作量，把自己8个小时的时间都填满。

大家都知道，如果自己忙起来的话，就会忘记时间，甚至会觉得时间过得飞快。如果我们把自己的时间表安排满满的，那么就不会拖延工作，我们会集中精力在眼前的事情上，生怕在下班之前完不成工作。这样一来，你就会惊讶地发现，自己根本没有时间去抑郁，而是在想方设法地提高工作效率。此外，我们还会发现，在这个过程中，自己不仅提高了工作效率，而且还做出了更多的业绩。

最后，我们在工作中不妨更换思路和方法处理问题。当新的工作方法在实际中进行运用的时候，你会发现，自己的工作是富于魔力的，它就像是一个魔方，每一次都会转出不同的色彩，让我们为之着迷。至于对工作产生的抑郁症，恐怕早就无影无踪了。

人穷志不要短

提到"人穷志短"这个词，可能有许多的年轻人深有同感。他们往往把自己不能成功的原因，归结到这方面来。好像贫穷成为了阻碍他们前进的力量，也成为了他们不求上进的理由。他们因为贫穷而踟蹰不前，认为自己没有好的背景，只有可怜的背影。这样一来，就会缺乏前进的动力。甚至有的年轻人幻想着走捷径，比如说，通过婚姻来改变自己的现状，过上富裕的生活，这都是不可取的。著名的哲学家富兰克林曾说过这样的一句话："贫穷本身并不可怕，可怕的是自己以为命中注定贫穷或一定老死于贫穷的思想。"如果年轻人对自己的贫穷始终耿耿于怀，就会在心理上产生阴影，这种阴影会一直伴随着自己，阻碍了自己前进的脚步。

在这个世界上，贫穷的人有很多，这是不争的事实。可是有许多的富人，并非一生下来就很有钱，他们也是白手起家，也是在贫困线上挣扎过来的。比如说著名的企业家许家印就是如此。许家印年轻的时候，家里非常穷，甚至连温饱都成问题。但是许家印并不认为贫穷让自己丢了面子，相反，他还表现出一种极大的热忱，这也成为激发他前进的一种动力。早在放暑假的时候，他就学着跟别人做生意。比如说，父亲去卖柳树，他则在一旁帮腔，跟买主讨价还价，一心想卖个好价钱。他还陪着奶奶去卖过醋，甚至学着如何去应答客户。后来，等他稍大一些，又学着去卖苹果和贩卖石灰等。这些经营的想法和意识，全部来源于他想强烈地改变生存状态的欲望。如果不是家里那么穷，可能他也不致极力地想改变当前的状态。正是由于贫穷，才激发了他奋发向上的本能。

许家印的经历给我们上了一堂课。在这堂课里，我们懂得了什么叫做人穷志不穷。也许我们一出生就面临着贫穷，但这并不能成为我们没有志气的理由。虽然贫穷并不是一件让人乐观的事情，可是改变贫穷的想法却可以让人变得积极向上起来。我们不能因为穷就丧失了前进的勇气。事实上，改变贫穷并不是一件多么困难的事情，有很多人的志气和才能都深藏和潜伏着，如果没有外界的刺激，是很难爆发出来的。在某种情况下，贫穷可以成为激发这种潜能的动力。志气一旦被激发，再加上毅力和坚持，往往能让我们走得更远，做出更伟大的事业来。

有的年轻人觉得自己出身贫穷会被人看不起，因此增加了一种妄自菲薄的念头。实质上，贫穷与人格无关，有很多的人虽然贫穷，却依旧获得了世人的尊敬。比如说美国就曾有这样的一位法官，他在年轻的时候还是一个一字不识的穷铁匠，可是他后来却天天跑到图书馆去学习，学到了很丰富的知识，获得了许多读者的尊敬，被公认为是学识渊博的人。虽然他在求学期间依旧身无分文，可是却依然能获得大家的认可。这其中最主要的原因是他的行为让世人高看一眼。

一个人穷不穷不要紧，关键是一定要用行为维护自己的尊严。试想一下，如果一个人既穷又没有上进心，那么谁都会看不起这样的人。大家都知道，在一些大型的场合，比如说火车站等地方，常常有一个或者几个身强力壮的年轻人在乞讨。其实他们身体健康、手足健全，为什么非要做这种事情呢？当他们出现在人们面前的时候，大家都会用一种鄙视的目光看他们。

相反，有的人虽然穷，却自强不息。这样的人是会赢得大家尊敬的。印第安人生活的环境很艰苦，他们过的生活更是贫穷落后，但是世界上根本不会有人看不起他们。因为这个民族的人都有一种自强不息的精神。我曾在参观美国一所著名的大学时，看到了一张印第安学生的毕业照片。在这张相片上，他服装整齐干净，脸上流露出智慧，双目炯炯。看了这样的照片，没有会想到轻视他。虽然他很穷，来自一个经济很落后的地方，但是没有人会因为穷而对他议论什么。相反，他反倒赢来了那么多敬佩的目光。

贫穷只代表我们的一种生活状态，它与人格、才华、素质无关。而且，贫穷是可以改变的。那些通过自身的奋斗改变经济状况的人，事实上更值得我们尊敬。我们不能因为贫穷就止步不前。那么，我们具体应该怎么做呢？

首先，梦想会让我们的人生充满希望。当我们身处贫穷的经济状况的时候，要学会树立自己的梦想，比如说我们将来要做什么，如何摆脱目前的情况。梦想会让我们有支撑下去的勇气，还能让我们从困境中解脱出来，同时，还让我们每天的生活过得有滋有味，充满阳光和积极向上的气息。

其次，我们要对眼前要做的事情有一个具体而详细的规划。光有梦想是不能切实解决任何问题的，需要有脚踏实地的行动。比如说，我们打算去做一单生意，或者去找一份高薪的工作，或者去学一门实用的技能，这些都可以为我们实现自己的梦想、改变目前的状况而增大几分把握。

最后，我们不要对自己现在的情况患得患失。贫穷只是一种状态，并不代表一生都是这样的，想得过多只会让自己丧失前进的勇气。因为就在我们懵懂未知、满怀憧憬却又患得患失的时候，很可能会中途退出而前功尽弃，这样的行为令人扼腕叹息。而不在意自己的贫穷，其意义在于开启一扇门，让人生充满希望。在脱离贫穷的过程中，我们就会慢慢地成长起来，菜鸟终会变成大鳄，而贫穷的人也会变得富有，生活中这样的例子很多，也许将来的我们，就是其中一个。

学习并不局限于书本

成为富豪必须具备哪些条件呢？当这个问题提出来的时候，不同的人会有不同的答案。比如说，聪明、学历高甚至机遇好等。其实，在很多白手起家的富豪中，有很多的人并不具备上述的这些优点。那些创出大事业、会做大生意的人，往往都没有太高的学历。比如说松下幸之助、李嘉诚、王永庆，包括刘延林等，这些人中除了李嘉诚初中肄业，其他几位都是小学没有毕业，相信这一点众所周知。就连当今世界首富比尔·盖茨也是如此，他是一个没有念完大学就直接从事商业活动的人。可是后来，比尔·盖茨却创办出了属于自己的商业帝国。这些人之所以有今天的成就，很大的一部分原因在于他们擅长学习，更注重投入社会后的学习。

社会是一所最好的大学，有很多的人并非是靠聪明或者成绩好而致富的。所以，当年轻人走向社会的时候，一定要擅长从社会中汲取经验和教训，以此来加强自己的学习能力。从书本上，我们学习到的是抽象的知识，只停留在理论阶段，而在现实生活中，我们身边一个接一个都是活生生的例子，从这些例子中，我们学习到的是实践性的内容和知识。

那么，受过良好学校教育的青年是否在学校里就可以学到真本领呢？从书本上学习到的知识是否可以替代社会实践呢？当然不可能。

先抛开那些书本上的知识不谈，我们先说一个人是否成功的要素是什么？有位人力资源专家曾经说过，一个人能否成功更大程度上取决于"非智力因素"。这些因素包括很多的内容，比如勤奋、动力、勇敢、经验、意志力、理想抱负、反省能力、交往能力等等，这些都是在书本上学习不到的，需要在"社会大学"里学习。

陈晓莎从大学毕业之后，进入了一家大型的企业工作。她带着一种天然的"书呆子气"，常常因为这一点，受到大家的嘲笑。比如说，有一次有个同事因为生病耽误了工作，上司和同事们都买了东西去探望。在病床前，大家都在问候患者的时候，陈晓莎却无意中说了这样的一句话："你的病好了得赶紧来上班啊。你因为生病耽误了那么多的工作，按照规定，病假要扣好多钱的。"这话一出来，领导的脸都绿了。

陈晓莎事后自然遭遇了大家的嘲笑，大家说她不善于交际，而且不懂人情世故。这样的人自然就是大家眼中的书呆子。他们往往会在说话的时候不合时宜，轻易就得罪了人。

像陈晓莎这样的年轻人不在少数，他们的智商并不低，只擅长从书本中学习，却不善于从现实生活中学习，他们往往把简单的问题复杂化。很多的人缺少组织能力和管理能力，更缺少决策能力，这些能力都是需要在社会中学习得来的，可是他们却往往自命清高，并且自以为是、固执己见，从而使问题变得复杂化。还有的人死读书后则产生了有些夸大性的自卑心理。他们往往喜欢引经据典、咬文嚼字，这样的人往往招人讨厌。

在现实生活中，我们不能把自己的目光仅仅局限于书本，终日把自己的兴趣和自己的活动范围局限于书本上，就会渐渐地变得不爱与人打交道，不问世事，脱离复杂的现实生活，脱离社会实际。这样一来，我们的认识能力、思维能力就会形成一种刻板的固定模式，如果有一天脱离开书本进入公司，就会给别人留下一个迂腐的形象。

现在，有很多的年轻人把自己的目光投向书本，却没有重视"社会大学"这所大学的功能。还有的年轻人由于大学一毕业就进入大公司，得到重用，很少有机会经历苦难、经受一些负面的刺激或者是逆境。这样一来，他们就会一直成长在顺境当中，心智得不到历练，这不得不说是人生的一种欠缺。

心理学专家告诉我们，如果想让人的心理正常发展，除了必须具备一定的书本知识外，更重要的是社会生活经验，而且最难得的是人与人之间的信息交流。长期的独处，人的心理就得不到完善发展，更难以适应社会生活。

在社交活动过程中，我经常会遇到一些少年老成，小小年纪就是老先生样子的人，他们待人接物彬彬有礼，而且为人处事也无可挑剔。这些人虽然年纪不大，却给人以成熟的感觉。而有些人虽然人到中年，甚至年纪更大，说话行事却显得非常幼稚，看上去很天真，甚至可笑，这样的人往往是由于心理发展不完善。

那么，除了书本，我们还可以从哪些方面学到知识呢？

首先，我们可以通过人际交往学习为人处世的经验。比如说，我们可以通过与别人打交道而学习交流的办法和经验，扩大自己的人际圈，从而多多地参加一些集体活动。在这些活动中，我们可以渐渐地培养自己为人处世的态度，了解自己每天的交往任务，同时正确地估计自己的交际能力。通过这些活动，我们的交际能力会得到更进一步的提高。

其次，我们还可以从自己的本职工作中去学习知识。无论我们从事何种职业，都需要懂得一定的职业知识。当我们年轻的时候，思想比较敏锐，能够感受到商品经济微妙的情形和社会政治文化现象，还有社会思潮微妙变化的情形。在这个过程中，我们就会渐渐地养成与众不同的思维方式，而且这些思维方式会让我们当初那些从书本上学习到的知识变得更充实和完善起来。

再者，我们还可以从电视上、网络上、手机上等这些现代化的媒体中学习知识，从而扩大我们的知识面，让自己懂得更多。

第八章

走出与世隔绝的"宅生活",主动去编织你的人际关系网

无论在哪个国家,"朋友多了路好走"都是不变的真理。一个人就像一个点,串联起来才会形成社交网络。再有本事的人也不能独立成"孤岛",人际关系将会伴随其一生,有时还会起到决定性作用。但朋友这么多,哪些能起到"作用"?这就需要精确设计,才能保证质量。

本章导读

◉ 有来有往,才有来往

◉ 带眼识人,结识"贵人"

◉ 接名片和发名片的奥秘

◉ 朋友名单上的加减法

◉ 结识新朋友要循序渐进

◉ 不要在朋友圈中找自信

◉ 姿态过低只能成为跟班

◉ 朋友也要"分门别类"

有来有往，才有来往

　　有些年轻人喜欢沉迷于网络，在网上与人聊得热火朝天，但是在现实生活中，朋友却非常少。在平常的日子里，很少有客人来访。即便有人来了，也是因为重要的事情。我们不能说这是人缘不佳的缘故，但是，缺少自己的人际关系网络，确实不是一件值得庆幸的事情。

　　可能有的年轻人说，自己白天工作很忙，要拜访朋友的话，得利用晚上的时间，另外，还要在不打扰对方的原则之下。这事情听起来似乎有些麻烦。好像人与人之间的交往对他们而言已经成为了一种累赘。

　　王华就是这样想的。他平时下班之后，大多宅在家中，不愿意出门。他和朋友也很少来往。有的时候，朋友上门拜访，他也总是一副不耐烦的态度，让对方觉得干扰了他的生活，产生了愧疚的心理。后来，他的朋友越来越少。王华的生活圈子也变得越来越封闭。

　　几年后，王华谈了一个女朋友。不久，他决定和女朋友结婚。当他们一起写结婚请柬的时候，王华才发现，自己的朋友少得可怜。眼下，他想得起来可以邀请的客人只有几个人，除了同事碍于面子不得不参加之外，到场的客人还不够十个人。这么冷清的场面，显然让他没有面子。新娘子也连连抱怨，数落他人缘不佳。

　　王华的事情显然处于很尴尬的局面。如果当初他的交往多一些，恐怕就不会像现在一样，而是可以举办一个热闹的婚礼。

　　当然，朋友多、交际广还有很多的好处。真正的朋友相交，往往会渗入彼此的生活中去，经常能互相帮助。而且，还会在彼此的交往中促进自己，互相学习，提高自己。

　　林玲最初只是个闲居在家的主妇，她平时除了照顾自己的孩子之外，简直无所事事。一个偶然的机会，她结识了同一小区的张媚。张媚和她的情况大体相同，但是张媚在家做着自己的工作——自由撰稿人。张媚和林玲成为朋友之后，两个女人经常在一起聊天，林玲萌生了学习写文章的想法。而张媚也非常热心，常常传授她一些写作的技巧。时间一长，林玲渐渐地也能写出一些不错的文章了。后来，随着她在各大报刊和杂志发表文章的增多，她的收入也有所增加。林玲很感激这位朋友，要不是张媚，她怎么可能有今天的成就呢？

　　说起来，林玲与张媚的结识缘自偶然的机会。可如果不是林玲三番五次地上门，与张媚有来有往，恐怕她们之间也难以交往下去。人与人之间的交往是相互的。有的年轻人感慨自己的朋友少，感叹现代社会中人与人之间的关系维持起来太难。这主要是因为他们没有真正地行动起来。如果真正地行动起来，你会发现，事情真的不是自己想象的那么棘手。

具体来讲，我们不妨从以下几个方面着手。

首先，我们如果在外出的时候结识了一个聊得来的朋友，不妨与对方多约会几次。比如说，大家一起聚会，一起吃饭，或者一起去某个娱乐场所玩等。在交谈的过程中，了解对方的人生态度、性格等。等大家熟悉了，可以邀请对方来自己的家中坐坐。由于居家生活的表现是最真实的本性表现，所以，当彼此产生亲近感之后，或多或少都会有进一步想要拜访对方家庭的希望。

朋友来到我们的家里之后，我们不仅要提前把自己的房间清理干净，还要表现得热情好客。也就是说，在与朋友交往时，欢迎对方来家里坐坐的时候，一定要诚心。比如说你可以讲出时间和地点等等。否则的话，对方会认为你在客气，没有诚意。这样并不能请到他们来家中做客。此外，不仅要诚心欢迎，更要表现出积极主动的态度。比如说，你可以亲自带对方来到自己的家中。有的年轻人认为访客会打扰自己的私生活，因此很少请人来家里做客。这样的话，很难拓展自己的人际关系，因此一定要尽力避免。

其次，我们还要经常参加一些大型的社交活动，或者参加单位举办的团体活动。这样一来，我们结识朋友的机会就会多得多。比如说，我们某次聚会中认识了一个朋友，这个朋友就像是关系网中的一个绳结，他肯定会有自己的人际关系网络，然后通过这个"绳结"，我们会认识他的朋友。再接下来，他的朋友的朋友，可能就会成为我们的新朋友。这样一来，你的交际圈子就会在无形中扩大了许多。

最后，在交往的过程中，我们一定要记得礼尚往来。双方之间进行来往，势必要牵涉到一些其他的问题。比如说，我们登门拜访的时候，要不要带礼物呢？要带什么礼物呢？或者说要准备做什么事情呢？这些都是需要认真考虑的问题。有的朋友会有一些禁忌，我们事先一定要进行了解。在得知对方喜好的情况下，挑对方喜欢的礼物送过去。此外，如果自己接受了对方贵重的礼物，那么一定要记得及时加以回赠，不能给方落下爱占人小便宜的印象。随着双方交往的进一步加深，你会发现，自己的交际圈子越来越广呢！

带眼识人，结识"贵人"

在我们的人生旅途中，有许多的外因左右着我们的方向和进程。而"贵人"就是这些外因中最为重要的一种。每个人的成功都不可能完全依靠自己，即便你每天都在努力，可是成功仍是显得可望而不可即。如果我们能借助贵人为自己打开一片天地，就相当于找到了一条通往成功的捷径。

古往今来，无数事例已经证明了这一点。这样的故事听起来似乎是传奇，可是却真实地发生在我们每天的生活之中。如果我们能找到自己的"贵人"，也许下一个传奇的主角就是你自己。

在这个世界上，勤奋的人很多，有才华的人也很多，但是他们不一定都能获得成功。即便在同样的机遇条件下，如果一方获得贵人的提拔，另外一方没有，那么后者是很难得到命运垂青的。年轻人初入社会，人脉关系和社交网络都处于初始的积累的阶段，如果此时能主动结识一些贵人，永远地亮出自己，将会有更多的收获。

著名的电影演员成龙，大家都并不陌生。他最初踏入这一行的时候，只是个不知名的小角色。他经常被安排去跑龙套，有时甚至连个露脸的机会都没有，只是被拍个背影。他一心想改变这种情况。

有一天，他得知有位著名的影星下榻于某个饭店，他便跑去拜访对方。这位影星带着保镖、经纪人等属下，要想见影星，必须先经过他们的同意。两个人素昧平生，成龙当然不会被他们看在眼中，很快就拒绝了。成龙受到了打击，并没有泄气。他看到对方停在外面的车，立刻心生一计。

成龙找来了抹布等工具，细心地替这位影星擦起车来。他擦得很认真很细心，甚至车子轮胎花纹里沾的泥，也一点点用手指抠了下来。这位影星出来看到自己那辆焕然一新的车子时，脸上露出了惊讶的目光。后来，他主动问起擦车的人是谁。就这样，成龙与他结识。此后不久，在这位影星的大力引荐下，成龙认识了很多知名的导演，也有了参加某些知名影片拍摄的好机会，不久，他终于成名了。

成龙的成功，与他个人自身的努力固然相关，但是却离不开贵人的帮助。成龙的经历值得我们借鉴。这样的例子在今天有很多，在古代也不乏其例。比如说周文王如果不是得到了姜子牙这位贵人的相助，又怎么可能取得今天的成就呢？同理，在现实生活中，我们有很多年轻人固然才华横溢，可是如果有人把你引荐给识千里马的伯乐，相信你的前途就会更加远大。但是最关键的是，你要学会带眼识人，主动去寻找自己的伯乐。我们不妨通过一个例子来了解这一点。

有位年轻人在大学快毕业的时候，刚好有一位退休的银行高管到他们所在的大学讲课。这位大银行家已经七十多岁了，当他结束课程准备离开学校的时候，曾经讲了这样的一句话："如果你们有什么需要我帮忙的地方，尽管打电话给我。"这句话听起来好像只是一句客气话。可是这位年轻人却产生了极大的兴趣。

年轻人认真考虑过之后，认为结识这位大银行家，与他搞好关系对自己的未来具有重要的作用。如果能得到这位伯乐的赏识与提携，他肯定会具有更加杰出的成就。于是，他主动找到这位高管，然后诚恳地说想让对方给自己提一些建议。当时，这位年轻人心里惴惴不安，生怕遭到拒绝。没有想到这位大银行家不仅没有拒绝他，而且还非常友善地邀请他来与自己见面，两个人进行了亲切的交谈，并且共进晚餐。此后，他一直与这位高管保持着密切而友好的联系。当他毕业的时候，对方甚至帮他推荐了一份非常好的工作。

这位年轻人懂得积极主动地去寻找自己的伯乐。接下来，这位贵人帮年轻人在人际关系网络中打开了一个缺口，让年轻人迅速进入银行业的人际关系网中。就这样，年轻人很快地融入了这个世界，并闯出了一片属于自己的天空。如果不是他当初带眼识人，准确地认定了这位贵人，恐怕不会获得这样的成功。

带眼识人，才能找到自己的贵人。那么，我们如何去结识这些贵人呢？

有的年轻人感叹，那些贵人都远在天边，想结识也没有门路，怎么办？事实上，有很多的贵人就在我们的身边，而且触手可及，只不过，我们没有发现而已。如果想得到他们的帮助，我们就必须主动出击去寻找。在生活中，各行各业都有很成功的人，如果我们能多结交一些成功的人士，成功的概率就会好上很多，这是一条通往成功的捷径。

在找贵人之前，我们必须克服自己的自卑和胆怯心理。要知道，我们想结识的贵人大多是一些有身份和有地位的人。我们想与对方成为朋友，也是有一定难度的。不过，产生畏难情绪也完全没有必要。因为无论我们做任何事情，都有可能遇到困难。有没有本事结识这些人，关键就要看你自己的本事了。

如何最快、最有效地结识到尽量多的高质量"贵人"是需要技巧的，比如，我们可以先与那些社会关系广的人交往。这种方法可以使我们在较短时间内快速扩充自己的社会资源总量，从而最大限度地增加人生博弈的筹码。

至于步骤，可以先与他们身边的人进行交往。如果直接与贵人结识，可能会遭到拒绝。因此，如果我们能让他身边的人对自己进行引荐的话，效果就会好得多。每个人都会关心自己身边的人，贵人也不例外，当他们发现有人在关心着自己身边的人时，大都会产生一种无比亲近的感觉。我们在结交贵人时，大可利用人们这种共同的心理倾向，拉近彼此的距离，从而赢得贵人的好感，得到贵人的相助。

接名片和发名片的奥秘

在以往看过的武侠小说中，我们经常会看到这样的情景：双方交战，第一句话就是："报上名来！"古人尚且如此，今人见面，自我介绍更是避免不了。但是，如果是在一个公众场合，一下子结识很多的人，想让自己记住对方是很困难的。

在这种时候，发名片就派上了大用场。有的年轻人对此不以为然，其实，发名片是一项基本功，就像是我们上小学时认识那些数学运算法则一样，这是我们日后走向社交场合必须具备的一项技能，而且非常重要。

让我们先来认识一下名片。名片看上去只是一张小小的硬纸片，似乎没有什么特殊的地方。不过，这名片是一个人身份的特征，也是现代人交往过程中必不可少的工具。不少年轻人初次踏入社会的时候，由于对名片的功能认识得不够充分，或者说对于名片不知道如何使用，因此耽误了不少事。还有的人根本不知道如何设计自己的名片，印上一大堆乱七八糟的头衔上去，这样一来，只能让人产生厌恶的想法，把名片扔到一边去，根本起不到任何的作用。

有的年轻人认为，我为什么要使用名片呢？如果我直接把自己的联系方式告诉对方，那不是更简单吗？如果你真的这么想，那只能说明你太天真了。因为你把名片给别人，表示的是一种对别人的尊重，同时也是自己具有较高修养的一种表现。

张尚最初参加工作的时候，由于没有来得及印名片，第一次和客户打交道的时候，大家谈得很是融洽。可是当交谈得差不多了，对方向他递过名片来的时候，张尚却告诉对方，说自己没有名片，而且他还表示，自己觉得名片没有什么用。对方一听，立刻转变了态度。他觉得张尚对自己不够尊重，而且似乎看起来随随便便的，这样一个草率马虎的人，怎么能够与之合作呢？于是，客户草草结束了谈话，与他的合作也再也没有了下文。

这件事情让张尚后悔不已。他立刻跑去印了一盒精美的名片。在以后的谈判中，他都忘不了为对方双手捧上一张名片。

张尚采取了亡羊补牢的态度，可是机不可失，失不再来。如果他一开始就印名片，可能第一桩生意不致泡汤。因此，年轻人初入社会的时候，一定要重视名片的作用。

有了名片，我们在进行社交活动的时候，就会非常方便。有的人在介绍自己的时候，讲出名字比较方便，但是如果再介绍职务，可能就没有那么方便了，因为现代社会中，一人身兼数职的特别多。没有人有耐心一一介绍自己的职位，更没有人有耐心一一听下去，并且记住。所以，使用名片就能让事情变得简单许多。只要有名片在，我们就会很容易地记住那些人的名字，就算是因为工作忙，事务多，也不会忘记对方，而且随时可以与对方联系。此外，名片还有宣传的作用，比如说在进行商务来往的时候，有的人喜欢把自己本公司经营的范围和产品印在上面，这样一来，名片就成为了一个宣传的媒介物。

有了名片，接下来的事情就是接名片和发名片了。这些事情有什么讲究吗？

首先，我们讲一下发名片。当我们带着名片出行的时候，一定要记得把数量带充足，以确保其够用。要记得在带名片的时候一定要进行分类。我们可以根据不同的交往对象使用不同的名片。

大家都知道，著名的作家海岩同时还是数家大型酒店的管理者。他在和剧作家、影视圈的人交往时，肯定用的是作家、剧作家之类的相关名片。如果他和商界的朋友来往，肯定要更换上面的头衔。所以，我们可以将自己的名片分门别类地放置。接下来，我们要保护好名片的外表，让它保持干净整洁。一张折皱、破烂、肮脏、污损、涂改的名片，显然会让对方感到不愉快，甚至会遗弃。此外，名片应该统一置于名片夹、公文包或上衣口袋之内，在办公室时还可放于名片架或办公桌内，不要随随便便就塞入钱包或者裤袋之内。要记得放名片的地方，以免需要名片时东找西寻，给人以做事没有条理的印象。

发名片的时候，要在合适的时机双手递上，态度要谦恭，而且还要热情大方地介绍自己，同时提醒对方以后多与自己联系，互相关照。此外，在递交名片的时候，还要注意察言观色。如果对方对你不感兴趣，并没有结识你的欲望，那你真的没有必要送上名片，否则会让对方感觉你故意炫耀，会产生一种强加于人的尴尬。因此，我们看到对方表情冷漠的时候，就不要凑上前去自讨没趣了。此外，还要学着在适当的时候递交名片。比如说双方分别的时候，或者初次相见的时候。不要在用餐、观看节目、跳舞这种时候发送名片，也不要在大庭广众之下向多位陌生人发送名片，以免给别人留下粗俗的印象。

还有一点需要注意。我们在交换名片时，应该先由位低者向位高者发送名片，再由位高者回赠名片。如果有很多的人需要交换名片，那么不应该用职务的高低来决定发送名片的顺序，以免遗漏其中的某些人。最好的办法就是从近处到远片这样发送，既方便又得体自然。在双手持握名片送过去的时候，要举至胸前，并将名片正面面向对方，同时说声"请多多指教"等客气话。不要单手递过去。

在接受名片的时候，不管你当时有多忙，也要放下手中的事情，双手接过，先道谢，再默看几眼名片，如有必要，不妨轻声读出，以示你对别人的尊重。

接到名片后，放置的方式也有讲究。因为名片的特殊性不要随便放置，要谨慎地置于名片夹、公文包、办公桌或上衣口袋之内。当然，还要分门别类，与本人名片分开放置。

另外，在接受名片的时候，要注意自己的态度要恭敬，神态要自然。如果你漫不经心地接过来，对方肯定会感到心理上不舒服。在接名片的时候，还要说一此客气的言辞，用得体的语言与对方联络感情，以期下次再相遇。

总之，使用名片的学问还有很多，我们在使用的时候不妨多注意观察别人怎么做，从中加以学习，并应于实践之中。

朋友名单上的加减法

在这个世界上，没有任何一种性格是完美的，但是，对人脉而言，也没有哪一种性格的人注定经营不好人脉。只不过，每个人的经营方式不同而已。其中的道理很简单，要善于在自己的朋友名单上做加减法。

年轻人初入社会，往往抱着一种天真的不切实际的想法。有的人觉得自己可以和所有的朋友处得融洽，与所有的人关系都很好。其实，这样的想法只能是一种空想。随着时间的推移，你会发现，有的人会渐渐地离自己远去，有的朋友会渐渐地不再联系，而且有的朋友会因为各种各样的原因不再打交道。

人与人交往之初，有的人出现在自己的核心圈子里，我们可以对他们加以信赖，让他们成为我们亲密的朋友；还有的人虽然与我们也在交往，但是由于种种原因，缺乏维系在一起的纽带，于是大家的来往就会越来越少，渐渐地变成陌生人。我们没有办法让所有的朋友都喜欢自己，而且有的人际关系维系起来很费力气，很累人，甚至成为我们前进的累赘。在这样的情况下，我们不妨主动在自己的朋友名单上做加减法，这样一来，就会优化整合自己的人脉资源。

在现实生活中，我就曾遇到过这样的事情。我的妻子有个闺蜜。两个人的关系原本一直很好。可是自从这位闺蜜结婚之后，却三天两头地跑到我们家来诉苦。有一天半夜的时候，我们接待了她。原来，闺蜜因为和老公吵架，半夜跑出来了。她没有地方住，便临时借助在我们家。后来，虽然我们都劝和她们夫妻。可是没过几天，闺蜜就又会跑过来诉苦，把自己的事情从头到尾地讲一遍。而且她讲话的内容基本没有什么变化，无非是讲自己的婆婆如何如何不好，自己的老公如何不好，自己的小姑子多么刁蛮……好像全世界的人都对不起她。这样的话让人听了真是难受。

闺蜜把我的妻子当成了一个情绪垃圾桶，什么负面的情绪都要给我的妻子说。时间长了，我的妻子厌烦得不得了，只好处处躲避着她。此后，这个闺蜜果然来得少了。

我妻子的这位闺蜜已经是成年人了，就要学会对自己的行为负责。如果处理不好自己的家庭关系，求别人帮忙是可以的。但是不能总是无休无止地去打扰别人的生活，这样的人并不值得我们同情。

在生活中，我们经常会遇到这样的朋友。有的朋友比较自私自利，凡事想着自己，这样的人，多交往也没有什么益处，不如敬而远之。还有的朋友，性格异常火暴，每当有什么事情，往往会大呼小叫，或者责备别人。这样的朋友，更是不值得深交。还有的朋友喜欢攻击别人，在说话的时候总是呛对方，时间长了，别人自然不想和他再相处下去。

那么，我们如何整理优化自己的朋友名单呢？

我们不妨先列出一份"清单"，把自己所有朋友的名字都写在上面。千万不要轻视这份名单。因为名单可以让我们一目了然，变得更加直观。我曾经制作出了一份改变自己一生命运的名单。当年我进入创作这一行业的时候，多亏了一位朋友的引荐。当我想进军出版业时，为了找到合适的人脉关系，我在纸上列出一长串的名单。我发现，这位朋友的名字赫然位列首位。因为他的帮助，我才顺利地进入了这一行。清单会让我们的思考变得更加客观和实在。有很多的时候，我们总觉得自己不能再这样下去了，想改变自己的社交圈子，却显得力不从心。这时，不如把名单列出来，把自己在交朋友过程中想追求的东西写得更详细一些。这样一来，你就会对自己的目标变得更加明确。

另外，写出一份明确的清单，可以让我们所追求的东西变得更加具体和详细，有的时候，我们并不知道自己需要什么东西，也不明白自己究竟如何与朋友相处，这种时候，朋友的清单就可以发挥重要的作用。它可以真正帮助我们清理事务的先后顺序，另外，它还可以让我们的价值观与个人偏好得到具体的体现。俗话说得好："物以类聚，人以群分"。从这份名单中，我们可以知道自己的朋友圈子究竟如何打造。

最后一个步骤，就是根据优化后的朋友名单付诸行动了。那些在我们的生命中具有重要价值和作用的朋友，我们要多多与他们来往。那些无法对我们提供有益的帮助、毫无存在价值的朋友,我们可以采用冷淡的办法渐渐疏远。比如说减少双方的联系,不再答应与他们在一起的邀请等等。这样一来,双方的关系就会渐渐地淡漠,时间久了,将不会再联系。

当我们优化了自己的朋友名单之后就会发现,原来,我们手上掌握着这么多的人际资源,这么多可以利用的人际关系。须知,如果我们对自己的朋友不作出任何的选择,就要努力维持眼前的这种状态,这样是很浪费时间和精力的,特别是一些我们不想交往的朋友,长期下去,会对我们的生活造成不良的影响。因此,优化自己的朋友名单,还是越早越好。

结识新朋友要循序渐进

谈到结识新朋友,有的年轻人会生出一种畏惧的心理。自己与对方并不熟悉,如何才能走到一起,并最终成为朋友呢?

还有的年轻人不懂得结识新朋友的方法,结果由于操之过急,反而得罪了对方。报纸上曾刊登了这样的一件事情:有位年轻人想结识某位企业家,当他听说这位企业家来到了本市,并且下榻于一家五星级宾馆的时候,就贸然地闯了进去,找到了这位企业家的房间,急切地递出自己的名片表示要与之成为朋友。这位企业家对这位冒冒失失闯进来的陌生人非常反感,一怒之下,喊来宾馆的保安,让他们把他撵走。后来,这位朋友非常后悔自己的行为,他操之过急,结果失去了结识这位企业家的机会。

有很多成功的人士与自己的贵人结识,并非是因为什么巧合或者缘分。机会都是自己创造出来的,但是,在这个过程中,一定要注意循序渐进,不可操之过急。

我有一位朋友在做律师,他一心想进入京城的律师圈子。于是,他开始按部就班地来实现自己的目的。

首先,他去打听这些律师们平常会举行什么样的聚会,会组织什么样的活动,经常会在什么地方去休闲娱乐。

接着,当他打听清楚,得知某些律师会在周末的时候举办高尔夫球会的时候,便在这家高尔夫球俱乐部办了一张会卡,定期参加他们的聚会。

随后,他先是和这些人在一起打球,让大家慢慢地熟悉自己,有了一个初步的印象。后来,他就尝试着在打球间隙和他们聊天。时间久了,他和这些人便渐渐地熟悉了起来。

最后，他开始筛选这些人，哪些人才是对自己最有价值的朋友，哪些人会为自己的事业提供帮助。最后，他成功地与一位高级律师事务所的合伙人成为了朋友。接下来，他开始采取各种方法拉近与这位朋友的关系。两个人越走越近，最终他成功地加入了这位朋友的律师事务所。

我的这位朋友采取的办法并不是什么新鲜的花招。他只不过调整了自己的交际手段，先通过娱乐活动走近对方，再通过聊天结识对方，最后通过更深的交往来与对方成为朋友的办法，成功地获得了认识新朋友的机会。他的交际方式值得我们借鉴。在结识新朋友的时候，就应该像煲汤一样，小火慢慢地炖，最终便可以尝到美好的味道。

除了上述中我们谈到的方法以外，还有很多的途径可以让我们实现与新朋友之间的会面。比如说，我们可以通过别人的介绍，或者电话、信函，再加上各种各样的自我推销的办法，都可以让自己结识新朋友的几率呈几何倍数那样增长。

有些结识新朋友的办法其实很简单，完全可以轻松地掌握和执行。比如说日月光半导体公司总经理刘英武，大学刚毕业的时候曾入职于美国的 IBM 服务公司。他一心想结识老板，奈何像自己这样的小职员是很难有机会碰到老板的。后来，他多了一个心眼，每天观察老板上洗手间的时间，然后自己也选择在那个时候去洗手间，以增加接近老板的机会。时隔不久，老板果真与他变得熟识起来。当老板和他有一定的交情之后，两个人便成了好朋友。后来，他再慢慢尝试着从老板那里获取对自己的支持。此后不久，在一次升职考察时，他轻松地通了老板的签字与认可。

刘英武结识新朋友的方法值得我们借鉴。在生活中，我们不必拘泥于他的这种办法，但是我们可以采用别的方式来结识朋友。比如说在日常生活中，创造一个与别人相处的环境和机会，然后采用无比自然的方式与对方交往，让双方慢慢地变得熟悉起来。

我曾在一本书中看到过这样的一段话："当你真心想得到一样东西的时候，自己的身上所散发出来的就是那种能量的振动频率，在这之后，全宇宙都会联合起来帮助你得到你想要的东西。"当我们想结识新朋友的时候也是如此。

如果我们渴望得到新朋友，就会无时不刻在想着遇到新朋友的好处和感动。在这种时候，我们就会全力以赴，积极寻找各种结交朋友的可能性。如果我们对结识新朋友抱着自卑的心理，行动开始之前就已经事先在心里预演了各种失败的可能性，那么又怎么能找到新朋友呢？在不敢想、不敢干的条件下，哪怕是最简单的事情，我们也不可能做成。如果事情不成功，自己反倒处处找借口，这样的人只会距离成功越来越远。因此，我们做事情不能只找借口，要学会为解决问题找方法，这是每个成功者具备的基本素质。

在结识新朋友之初，特别是陌生人，有些人就会觉得缺乏足够的勇气。比如说在火车上，如果我们身边坐的是熟人，那么说起话来自然会滔滔不绝，没有什么顾忌。可如果我们身边坐的是陌生人，就会觉得别扭，不敢多说话。这也是人之常情。如果我们想多认识一些朋友，就需要尽早地克服这种心理。

那么，结识新朋友通常会按照什么样的顺序来渐渐地熟悉呢？

首先，我们可以先认真观察对方。比如说，他们是不是具有与众不同的地方。如果是女士，她身上是不是有特别漂亮的首饰，或者说她是否穿了一件与众不同的衣服等等，我们可以就这些细节入手，进行谈论。像这类的话题，往往最容易引起别人的兴趣。当大家熟悉了之后，就会在瞬间拉近彼此之间的距离。

我们要率先发出表示友好的信号。从心理学的角度来讲，处于主动地位的人总是比处于被动地位的人容易得到朋友。此外，还要消除自己"怯场"的心理状态。因为如果你感到拘束的话，对方也会感到拘束，在这样的情况下，对方是很难与你产生共鸣的。

接下来，我们可以与朋友进行更深入的交谈。在交谈在过程中，一定要记得付出真心。因为真诚是获得友谊的第一前提。如果对方值得你深交，那么只有付出真诚，向对方袒露自己的心扉。尊重别人，相信别人，才能让对方相信你，从而与你交心。在经过愉快的交谈之后，如果可能的话，最好再留下自己的地址电话，为将来的深交做好准备。

我们可以先度过一个友谊的周转期。比如说，在节日的时候，找个理由问候对方，这些问候语会让对方感到亲切。再接下来，可相约着一起吃饭，或者在一起聚会，甚至找个机会再一次见面等等。在这个过程中，最重要的是找到双方的共同点。其实，每个人和陌生人之间的距离都不遥远，只要我们努力，一定可以真正做到从相识、相知，进而相交。

不要在朋友圈中找自信

当我们成功建立起属于自己的朋友圈之后，还要学会精心地去维护这份人脉资源网络。如果出现了问题，一定要想办法解决好。须知，丰厚且高效的人脉资源网络是我们获取成功最有力的助推器。因此，朋友圈是我们一生中值得拥有的宝贵财富。

不过，作为一个普通人，我们应该明白，千万不能在朋友圈中找自信。一个人的自信源于其强大的内心，而不是通过与朋友之间的比较或者向朋友炫耀而展现出来的。一个人的成功要靠自己努力争取，而我们的朋友圈也可以在这个过程中发挥重要的作用。但是，它只是辅助的因素，而不是决定的因素。因为是否成功的最终决定权还是在你自己的手中。路要靠自己走，交往过程中，也不能减少自立，更不能减少自信。

我们每个人都是自己命运的主人，只有靠自立才能掌控自己的命运，才能赢得别人的尊重和帮助，并因此而走向成功。当然，如果将自立理解成拒绝别人的帮助，也是片面的。现在的社会分工日益精细，如果没有别人的服务、合作或者帮助，杜绝朋友的扶持，是很难在这个社会上立足的。我们需要朋友的帮助，也需要通过人际交往拓展自己的人脉资源。

林琳在一家报社当记者，收入不错。每当她和朋友们在一起讨论收入问题的时候。她就非常兴奋，在心里安慰自己说，你看，某某某不行吧，她赶不上我。可是，当她听说某位朋友比自己挣钱多的时候，她会感到很难受。只有别人的收入比她少的时候，她才能找到自信。就这样，她总是拿自己与挣钱少的朋友作比较，渐渐地，她发现自己的能力越来越差，只往低处看齐，同时，也失去了上进心。此时，她才意识到，这种"比下不比上"的做法反而害了自己。

林琳的这种做法确实不值得提倡。须知，在与朋友交往的过程中，只有不断地发展和完善自己的人格和修养，才会让自己具有独立生存的勇力。而不是天天拿自己的优点与别人的弱点相比，如果总是这样比的话，只能让自己变得更加片面和狭隘。

与林琳相比，刘梅的做法就显得非常明智。她在大学里学的是编剧的专业。刚开始，她写的是栏目剧，每个月写上几个本子，收入也相当不错了。她的几个好朋友都很羡慕她。大家觉得她的工作既轻松，而且还不用坐班就能拿到钱，真是不错的选择。但是面对这几个朋友的羡慕，刘梅并没有因此而沾沾自喜。因为她明白，眼前的情况只是暂时的。她还有更重要的事情要做。她不想与这些收入低的朋友比。因为她明白，自己的前途更加远大。于是，她开始尝试着去写电视连续剧，并渐渐地提高了自己的写作能力，收入越来越高。

刘梅本来起点就高，大学一毕业就挣得比朋友多。而且工作时间富于弹性，收入又可观。如果刘梅一直在朋友圈中维持自己的这种自信。相信她就会失去前进的动力。可是她却没有这样做，而是理智地分析自己与那些高收入者的差距，从而奋起直追，向更高的目标迈进。

从刘梅的经历中，我们可以受到一些启发。俗话说得好，"天外有天，人外有人。"我们不能让自己的目光只局限于眼前的小圈子，而不去理会那些大的世界，不去理会那些比自己强的人。

在朋友圈中，也许你暂时是占优势的。可是当你满足于此，天天在这些不如自己的人当中找自信,很快就会放松下来。况且,你的朋友也不可能总是如此。他们也在不断地学习和改变当中。如果你原地不动,而对方走路非常快的话,你很快就会被远远地甩在后面。

我们都知道龟兔赛跑的故事。兔子在乌龟面前找自信,显然是具备优势的。而这样找自信的结果,就是让它自己变得自高自大、目中无人。这样一来,兔子甚至可以在赛跑的过程中睡大觉。这样的行为,只能让它输得一败涂地。

我们每个人都有自己的朋友圈。由于我们生活在不同的地方,接触的人不同,所以朋友圈子也不尽相同。在我们的朋友圈子中,我们也许是优秀的,比别人强;也许比不上别人,处于中等的位置,即比上不足,比下有余。在这种状态下,如果我们一味拿那些不如自己的人相比,眼光就会放低,标准也会放低,那种优越感就像是"坐井观天"里的青蛙一样,只看到了属于自己的那片小天空,就误以为看到了全世界,总觉得有些沾沾自喜,了不起。这种满足的心态很容易让人暂时麻痹自己,失去前进的动力。因此,我们不应该给自己设定一个局,让自己钻在里面跑不出来。去朋友圈中找自信并非明智的做法,我们应该把自己的眼光放得更长远一些。

具体来讲,我们不妨注意以下几点:

首先,我们不妨向自己身边的朋友多学习一些长处。要尽量调整自己的眼光,让自己多学习对方的优点,而非缺点。把眼睛盯在对方比自己强的地方,然后找出自己的不足,并努力学习,追求进步,以便让自己尽快赶上别人的脚步。

其次,我们不妨尝试着扩大自己的交际圈,多结识一些朋友,见得人多了,见识自然也就广了。不结识那么多的朋友,也许我们无法明白自己的差距在哪里,自己的劣势在哪里。随着朋友圈的扩大和人际关系的拓展,我们就会更多地对眼前的情况有了理智而客观的认识,从而加强自己的上进心,激励自己向那些更加优秀的朋友看齐。

姿态过低只能成为跟班

人与人之间打交道,最重要是一定要保持平和的态度,保持不卑不亢。这种认知源于平等的尊重。我们无论面对的是多么强势,级别多么高的人,也一定要在对方的面前保持自己的尊严。我们要能够让对方感觉到我们的自信。如果一方姿态过低,那么只能在别人的面前俯首低眉,成为别人的跟班,同时,也让朋友之间的情谊变了味。

我们与朋友交往的时候，不妨露出自己真实的一面。虽然我们不可能改造别人，可是也不要轻易地被别人改造。如果你见一个朋友改一次，那么当朋友多了，你还改得过来吗？你肯定会越改越累，最终在一味迎合别人的过程中，把自己折磨得心浮气躁，不得人心。这样一来，反而失去了你的大部分朋友。所以，我们在不违反自己原则的情况下，不妨对自己多一点坚持，如此，大家才会接受你的性格。

我记得自己刚参加工作时候，仍然与当初大学时的同学保持密切的联系。因为我们是要好的朋友，因此互相之间经常加以帮助。如果朋友有事，我一定跑去帮忙，而且尽心尽力。可是时间久了，对方把这样的帮忙当成了一种习惯。

比如说，我刚买了一辆车。然后今天这个朋友借走开几天，明天那个朋友借走开几天，有的人把油耗完了再给我送回来。这事让我很是生气。我想，难道自己就有义务成为他们免费的汽车提供者吗？

有一次，我需要开车去车站接自己刚刚出差回来的妻子。可是当时我的车正被一位好朋友开着出去旅游。他给我打电话的时候，坦率地说："不好意思，这车子我今天是开不回来了，你和老婆打车回去吧。"说来也巧，那天刚好下着大雨，在车站打车非常难，我和妻子在雨中等了许久，才打到车回家。事后，妻子对我抱怨连天，甚至气呼呼地威胁我，要把车子卖掉。我们俩大吵了一架。

其实，在这个问题上是我做错了。我帮助别人没有错，可是帮忙要建立在真心愿意的基础上，而不应该刻意地去表现自己。如果太刻意了，像我这样做，逼着自己帮别人，显然是两面不讨好。所以，事后我认真反思了一下，就打电话给那位朋友，告诉他自己要用车，让他给我开回来。

在以后的日子里，我坚持了一个原则，那就是如果确实自己没有什么问题，不需要车，就可以借给别人。如果自己需要用车，我就会婉言拒绝。过了一段时间之后，我的朋友不仅没有减少，朋友之间的关系不仅没有因此而变得疏远，反而变得更加亲近起来。他们也意识到，像我这样好说话的朋友确实值得交往，而非无原则地迁就。

在日常生活中，我经常听到人们说"助人为乐"这个词。帮助别人是可以获得快乐，但是这并不是绝对的。我的意思并不是朋友有了困难不去帮忙，而是要量力而为，不能一味低姿态地迁就对方。因为一个处处迁就别人的老好人，会因为没有原则而被人轻视。我们要明白，如果有一件事情自己不想做，那么就一定不要去做。如果你坚持做自己不喜欢的事情来讨好对方，那不是自己为难自己吗？这样的朋友做起来又有什么意思呢？

当然，也有的人不忍心拒绝朋友的要求。那么在这种情况下，如果你坚持要帮忙却不能做到最后，那就会陷入尴尬的境地。我记得前几天有个同事说到借钱的事情。他说的一个朋友要买房子,向他借十万块钱。他手上刚好有这么一笔钱,可是借给对方之后不久,自己的岳父重病住院,需要花钱,他没有办法,只好向朋友讨要这笔钱。可是朋友说自己的钱已经花出去了,没办法在短时间内筹集钱还款。这样一来,双方都觉得尴尬。到了最后,他还得罪了自己的朋友。他非常后悔,如果当初不是刻意去讨好这位朋友,硬撑着把钱借给对方,恐怕也不会造成现在这种丢了友情的局面。

所以,我们根本没有必要低姿态地去讨好对方。相反,如果我们保持平和自然的心态与朋友交往,那么就会被人视作坦诚和真心。对方在这种情况下,是不会太在意结果如何的。而且对方还会非常感激你,知道你已经尽力了。与朋友的交往就是这样,要像呼吸身边的空气一样自然。愿意帮忙,真心帮忙,而且有能力帮忙的时候,尽管去帮。很多朋友为了营造好的人脉,就会改变自己的态度,试图通过自己低姿态的讨好,去容纳不同性格的人,实际上这样并不是完全正确之道。

如果不愿意帮忙,不必为了迎合朋友的喜欢违心地放低姿态去讨好对方,以免丧失个性,把自己演成另外的一个人。而且,如果在放低姿态讨好对方的过程中,对方并不领情,那么不是自取其辱吗?这样一来,反倒更容易引起朋友的轻视,而不是获得朋友发自内心的尊敬。

朋友也要"分门别类"

我们认识朋友的途径很多,不同的朋友会有不同的相处方式。同时,我们还可以把朋友进行分类。比如说有的朋友适合与我们一起逛街、喝酒、聊天,而有的朋友适合与我们一起谈论理想,共同奋斗;有的朋友则可以在职场上,或者事业上给我们很大的帮助……可以说,不同的人脉关系会有不同的作用,我们在利用自己的人脉资源的时候,一定要注意这一点。

在大自然的巧妙安排下,不懂思考的万物尚且会因为天性而自行加以区分,更何况我们人类?在动物界中,有很多的动物善于寻找它们的同类,它们喜欢生活在一起的感觉。所以,我们在选择朋友的时候,也要学会区别对待朋友,尝试着划分不同的圈子,不要总是试图把不同的朋友混在一起。这样做的结果只能是给自己带来难堪。

我记得有一次我和几个小学同学聚在一起,大家由于从小在一起长大,互相之间叫绰号,开着无所顾忌的玩笑。可就在这时,我的一位职场上的客户走了进来。我邀请他入席，和大家一起坐坐。本以为人多了热闹，可是场上的气氛却陡然发生了变化。大家立刻在这位新加入者的面前变得拘束了起来。我后来为这件事感到非常后悔。其实，如果当初自己细心一些，就不会忽视大家的感受，把所有的人硬扯在一起了。

确实，不同的朋友有不同的交往方式，有不同的相处态度，大家关注的兴趣点也不相同，所谈论的事情也不一样。如果硬是把一些风牛马不相及的朋友拉在一起，那么只能让双方都感到尴尬。

白虹曾经参加过一个重要的商务活动。当时她给别人的印象是非常好的。她一直笑容可掬，而且积极地与大家交流，显得非常热情。后来，活动结束之后，她和这些朋友一起去喝茶。可就在这时，有一位闺蜜刚好在茶楼的洗手间碰到了她。当时，这位闺蜜也没有多想，跟着白虹就来到了茶楼里，然而，当着那些西装笔挺、个个身着严肃职业装的人们，这位闺蜜穿着凉快的吊带裙和夹趾凉鞋，真是让人感到非常别扭。结果闺蜜没说几句话就走了。

俗话说得好，"道不同，不相为谋也"。不同的朋友放在一起，由于大家"道"不相同，就会显得格格不入。这样做有可能还会得罪双方，费力不讨好。那么，我们如何对自己的人力资源进行分类呢？

首先，我们可以先把那些事业上对自己有帮助，至少能让我们在成功的过程中少花些时间的人挑出来，将其搭建成为自己高层次、高品质、高价值的人脉网。对于这些人，我们要尊重有加。在与他们相处的过程中，我们要不断地给自己加压，见贤思齐。向这些比自己优秀的朋友学习，可以让自己少走弯路。甚至，他们还可以为自己提供很多的帮助。另外，还有的人对我们的人生之路至关重要，我们要尝试着获得他们的帮助。这些人可以成为我们生命中的开路先锋，也有可能成为我们事业上的导师。

其次，我们可以把那些在生活上对自己悉心帮助，经常和自己一起聚会的朋友划为一类。这些朋友的存在会让我们的生活变得更加轻松，会让我们过得更加快乐。他们在我们的生活中起着不可或缺的作用。比如说我们生活上有困难了，或者我们需要别人听自己倾诉，或者需要大家在一起喝喝酒、聊聊天，这样的朋友们可以归为一类。

那些平时交往不多的朋友对我们而言存在着一定的距离。虽然在大学时没有深交，可是人与人之间的感情是会发展的。大家在你帮我、我帮你的过程中，感情会逐步地加深。但是在这之前，我们可以与他们保持一定的距离，适时调整与他们之间的关系。

还有一些朋友是需要我们敬而远之的。这些朋友虽然与我们有联系，但是我们并不欣赏他们的处事风格和为人态度。这些人我们没有必要得罪，但是也不会来往过密。对于这些人,我们要充分表现出对他们的尊重,这是对双方关系的确认和定位,同时也是对对方一种渴望受到尊重愿望的满足,但任何时候都要注意双方之间应保持合适的距离。

有的朋友虽然与我们在交往,可是他们无论是地位或者阅历、学识都胜出我们一筹。这些朋友往往令我们肃然起敬,他们在我们的面前有一种威严感。作为平常人,尤其是作为未见过大世面的青年人,在这些朋友们的面前,往往显得有些自卑。这些人需要我们保持足够的敬意来与之交往。我们在尊重对方的同时,还要立足于自己,守住方寸,保持本色,这样才能显示自己的交际魅力,赢得对方的认可和尊重。

第九章

做人现实一点，没有人为你的天真买单

有些人的观念是错误的，他们认为自己还年轻，没有那么多心眼，本来就单纯，得罪人也是可以理解的，会被原谅的。其实，你一旦步入社会，无论有多年轻，就必须学会为人处世，这是基本的人间法则。就像幼兽再小，一旦开始捕猎，就意味着要和成年兽一起争夺资源。不懂规矩不行，别人凭什么让着你？

本章导读

◉ 听人说话"拐个弯"

◉ 与人相处别太敏感

◉ 赞美别人又不用花钱

◉ 冷言冷面惹人嫌

◉ 保持谦逊,走得更远

◉ "马屁"要拍得圆润

◉ 留心"捧杀"陷阱

◉ 修养可以修炼

听人说话"拐个弯"

年轻人初入职场的时候，往往思维比较单纯。在听别人说话的时候，往往分不清是玩笑话，还是暗语，甚至听不懂语言深层的含义。

我还记得自己最初进入公司的时候，和另外一位同事共用一间办公室。当时这位对事对我说："和你在一起工作非常开心，希望我们能相处愉快。你的能力和思维能力都是我比不上的。所以，我们在一起工作时，还请你多多帮助啊！"听了他这句话，我满心高兴，以为这位同事的资历一定还浅。可是事后才得知，对方在公司中里可是老员工了，经验丰富先放在一边，同时他还是深受领导器重的红人呢！至于当初他对我说的那些话，只不过是客气话，同时对我也是一种善意的提醒：你是新来的，样样比不上我，以后在我的面前，一定要懂得收敛一些。

可是当时，如果我把这些话当真，跑去指点对方的工作，结果可想而知，肯定会遭到嘲笑的。所以，在职场上听人讲话，一定要学着"拐个弯"。即要学着琢磨对方的暗语，结合当时的语境，深入理解对方的意思。

和上司说话的时候需要注意，我们在和同事说话的时候也要小心为上。因为在公司里，有很多的同事在说话的时候都比较委婉。比如说，当你请同事帮忙的时候，同事回答说："好啊。不过，等我完成手上的这项工作之后，我再来帮你啊！"表面上听来，同事已经欣然答应了给你帮忙。可事实上，同事的意思是说，我现在正在忙，自己的手上的工作还没有干完，哪有时间帮你啊！

作为公司的一员，我们没有权利随便议论别人的行为。可是在与同事们打交道的时候，我们要多留意同事说话的语气、声调，还有语言中透露出来的另外一层含义。我们要学会替别人考虑，读懂同事语言中所含有的另外一层含义。也许在他们看似亲切融洽的话语背后，有着另外的弦外之音。比如说，有的同事出于客气的敷衍，实际上却口是心非；有的人讲话的时候显得真诚热情，可是却暗含着计较和抱怨；有的人说话用的是羡慕钦佩的语气，可是听起来，却是在讽刺我们；还有的话听起来是对我们赞美和夸奖，可实际上对方是想向我们表示一种警告……面对同事们这些暗语，我们一定要在听这些话的时候，学着如何去"拐个弯"。

在职场上，情况瞬息万变。在很多现象的背后，往往藏着许多我们不知道的秘密。虽然我们的眼睛没有透视的功能，但是我们可以结合自己眼睛看到的现象，去寻找他们背后的本质。

于丽刚刚进入公司上班的时候，由于她性格内向，所以大家都不爱和她联系。有时候大家相约一起去吃饭，也不会叫上她。这让她感到很难过。有一次，当同事需要人帮忙搬东西的时候，于丽问："需不需要我帮忙？"

同事回答说："这个东西很不好搬，得花好长的时间，你要是忙就算了。"

于丽主动上前帮忙。对方很感激地向她道了谢。后来，于丽好奇地问："你刚进办公室的时候，怎么不主动叫我帮忙呢？"

对方笑着说："我看你正在忙，就没好意思打扰你。"同事是真的担心打扰她工作吗？当然不是。事后，于丽才得知，原来，对方认为她性格内向，平时又不爱与人打交道，肯定不会乐意上前帮忙，这才没有主动喊她。

后来，当于丽和这位同事之间的关系密切之后，对方才一语道破事相。于丽这才意识到，以后自己听同事说话，还真得"拐个弯"。也幸亏当时她听懂了对方的真实意图，主动上前帮忙。否则的话，很可能会因为这件事加深同事对她的不良印象。

于丽的经历并不鲜见，我们很多人都会碰到。在很多现象的背后，往往藏着不少我们并不清楚的秘密。当我们看到这些现象的时候，不妨根据自己经验，认真地进行分析，寻找它们背后的真相，了解这件事情的实质是什么。

有的年轻人新入公司的时候，和同事们说说笑笑，似乎和谁的关系都特别不错。可事实上，也许这只是表面的现象，还有许多深层次的东西，留待着我们去解决，进行更深的解读。

此外，还有的人在说话的时候，带着一些"迫不得已"的成分。他们说话拐来拐去，甚至完全用其他的意思来表达。同样，现代职场的这种"暗语盛行"的现象，并非意味着职场上的这些人"口是心非"，这主要是因为，大家都想采用恰当的方式、委婉的语气来讲话，这样会给对方留面子，照顾到对方的情绪，有的故事可以直抒胸臆，有的故事却需要点到为止，或者暂时进行搁置。所以，我们在职场上行走，一定要及时了解这种最基础的暗语，要学会读懂这种最基本的语言潜台词。这种感觉就好像我们第一天进入公司的时候，一定要事先了解公司的各种制度一样。这是对我们从业的最基本的要求。

可能这些话听起来很平常，没有什么特殊的地方。可是在这些职场暗语上，有可能潜藏着大量的不为人知的信息。只要我们留心，从对方说话的神态、语调、语境，再加上对对方的了解，一定可以"拐着弯"地听懂对方话语中的含义，从而理解对方的真实意图，为自己下一步的行为提前做好准备。

与人相处别太敏感

　　我曾在一张报纸上读到过这样一则惊人的消息。有一名美国男子，居然在自己的公司内大开杀戒，开枪打死了自己的老板，打伤了几位同事。幸亏有人及时报警，警察迅速赶到，才将他制服。

　　当警察审讯的时候，原本以为该男子对老板有什么深仇大恨。可是细细问起来却发现，事实并非如此，老板与男子之间并没有什么过节。男子杀人的原因，只不过因为老板几句话所致。老板只是随口说了一句："如果你的工作态度再这样散漫，我会考虑惩罚你。"其实，这只是一句很普通的口头警告。这名男子只要改变自己的工作态度就行了。可是他却并不这样认为，他觉得老板对自己说这句话是别有用心。他想，老板是不是想解雇我？或者，他会全部扣掉我的工资，或者处以罚款……由于该男子的过度敏感，把他自己带入了一种思维怪圈里面。他天天想着怎么去报复老板，后来，便买了一支枪，在上班的时候，趁机杀死了老板。

　　这起血案值得我们深思。事实上，这位老板的话并没有什么出格之处。而这名男子却做出如此出格的行为，却让人感到很是愤怒。只因为他太过于敏感，才酿成了这种惨案。因此，我们在日常生活中，一定要注意调整自己的思维状态，不要过于敏感，否则很可能会害人害己。

　　有很多的年轻人踏入职场之初，总是小心谨慎，做事看别人脸色，说话更是反复掂量。在职场上保持这种谨慎的态度无可厚非，可是也要适度。如果太过分了，就会发展成为敏感。

　　张晓欣第一天上班的时候，特意背了一个新背包。这个包是父母买给她的，是个世界名牌，花了好几千块钱。当她的背包被大家看到的时候，大家纷纷开口说好看。后来，有位年长的同事故意开玩笑说："这肯定不是你自己买的吧！说，这包是男朋友送的吗？你男朋友可真有钱。"

　　原本，这只是一句玩笑话，大家听了谁也没有往心里去。可是张晓欣却动起了心思。她想，这位同事究竟是什么意思？是讽刺我交了富豪男友？还是讽刺我傍大款了？于是，张晓欣当即变了脸色，狠狠地从对方手中抽走了自己的包，白了对方一眼。大家不解，张晓欣也不解释，只是从此之后再也不和那位同事来往了。同事如坠雾里，到底也没有明白究竟为什么得罪她了。

　　张晓欣确实有些敏感。同事的话并不过分，只不过她想得太多，加入了丰富的联想，这才让她感到气愤。这其实只不过是她自寻烦恼。

这样敏感的人，在职场上会让大家觉得难以接近，在生活中会让人感觉相处起来非常累人，就算是当成朋友，也会感到很麻烦。

因为太敏感的人，往往想得太多，甚至无中生有。如果我们对事情太过于敏感，就会不知不觉地表现出来，这样一来，肯定很容易就会影响到工作氛围和人际关系。最后受到损失的，还是我们自己。

大家知道，汉语是世界上表述语意最丰富的语言。对很多的语句来讲，不同的人听起来可能会产生不同的分歧。我们不能仅凭只字片语就断定对方对自己有敌意。这样的态度对大家是不利的。如果从善意的角度去理解对方，事情可能就会变得相当简单起来。有些话，我们根本没有必要计较太多。在行为和语言方面，办公室里大家开开玩笑总是有的，只要不伤大雅，不伤及我们的自尊，不触及我们做人的底线，就不要太放在心上。无论你的态度是什么，不要表现得太过激动，要懂得什么叫做适可而止。

那么，我们如何避免让自己变得太敏感呢？

首先，我们要待人友好宽容。不要过于斤斤计较，一个爱计较的人往往心思是狭隘的。这样的人最容易敏感，喜欢多想别人的话语含义。其实，我们每个人来公司上班都是为了生存，在眼前的工作中，我们需要互相支持，互相理解。如果可以用一颗同情心来看待同伴的话，大家的关系将会很容易相处。对同一件事情的处理方法，不同的人会有所不同，我们所做的，就是理解别人的看法，做到求同存异。或者在平时一些无关紧要的话题上，找一些大家都感兴趣的角度来进行讨论，这不失为一个表示友好的方式。对于那些自己认为话不投机的人，不妨尝试着理解对方，包容对方，尽量避免与对方产生什么冲突。

其次，我们不要带着有色眼镜看人。要知道，有些人只为了个人利益，可以完全不必去理会他们。至于他们说的话，我们能认同的可以表示赞同，如果实在不能认同的，也不必去寻根究底。这样就会避免很多的矛盾，也不致因为过于敏感说出不当的言论而得罪对方。

最后，要学会好好处理自己的人际关系，认真地策划自己的交际圈。多跟一些心胸宽广的人来往，与他们的相处的时候，要学会细心、精心、用心，只要把这三心具备，就会深刻地理解对方的语意。这样一来，就不致产生误会。当你的人际关系打造得既坚实又持久的时候，对方哪怕真的说错了话，你也不会觉得对方有恶意，反而能理解对方的真实意图。或许，对方的一句玩笑话能让你开心一笑呢！

赞美别人又不用花钱

有一句话叫做"送人玫瑰，手有余香"。这句话用来形容赞美别人非常恰当。比如说我们早上到公司上班的时候，看到同事穿了一件漂亮的衣服，我们可以夸奖对方几句，对方回赠我们的，一定是快乐的笑容。这个笑容被我们看到，一整天都会有好的心情。

提到赞美别人的技巧，有很多的人不以为然，觉得不就是说两句好听的话吗？谁不会呢？还有的年轻人更是对此不屑一顾，他们觉得自己率真单纯，完全可以实话实说，真的没有必要花费力气去赞美对方。

那现在我们做一下比较，相信大家一眼就可以看出赞美的效果如何了。比如说碰到了以前的大学同学，你开口对他说："你现在混得真不错，事业有成，家庭又和睦幸福，真让人羡慕啊！"这是一句赞美的话，让对方听了一定很开心。

可是如果你换一种说法，这样讲："呀，你小子怎么运气那么好，竟然捞到了一份好工作！"这句话听起来很亲切，可实际意思却在否认对方的成就，意思是指对方不是凭自己的能力获得眼前这份工作的，而是凭一份好运气。这样的话，能让你的同学感到高兴才怪呢！所以，我们在日常生活中，不妨多加注意，在说话的时候，让自己变得理智而聪慧，用赞美的语气来与对方讲话。

苏娜参加工作不久，认识了一名男子。这个人很潇洒，待人也很大方。很多的人都想接近他，和他交往。苏娜第一次见到对方的时候，一时不知说什么好，就直接献上了一句赞美的话："听说你潇洒开朗，现在看来，果然名不虚传啊！"这样的开场白是对男人的高度赞美，苏娜借助第三者的话，间接地表达了自己的欣赏，让该男士心花怒放。像这样让双方都感到愉快的事情，我们又何乐而不为呢？

谈到赞美，古来有之。我们的古人对这种方法运用得非常熟练。比如说电视剧《三国演义》中，美女貂蝉对吕布的赞美就是如此。她夸奖吕布一世英名，迅速赢得了对方的好感，从而顺利拉近了双方的关系。

在日常生活中，我们可以通过赞美迅速拉近自己与别人的关系。比如说在一家快餐厅，有两个客人同时向老板要热茶。其中一位顾客说："老板，你怎么回事？怎么连杯茶都不送？"

还有一位顾客说："你们的菜做得太好吃了，我一下子就吃完了。菜吃得多了，就觉得有些口渴，能麻烦您送一杯茶给我吗？"

老板听了这两位顾客的话，表现截然不同。对于第一位顾客，她气呼呼地提了茶壶过来，让顾客自己倒。对于后者，则热情地倒了一杯热茶端了过来。显然，后面这位顾客受到这种优待的原因很简单，主要是因为他在讲话的时候，采用的赞美的语气和方式。

　　我刚才讲述的是一个很简单的小故事。可能有的年轻人觉得，没有什么大不了的，不就是一杯热茶吗？可在实际的生活中，所有的事情并非我们想的那么简单。比如说，我们可能无缘无故地被老板训了一顿，或者被同事挤兑，自己还不明白是怎么回事。这种时候，我们不妨自省一下，看看自己是不是按老板的要求在做，是不是没有及时给同事送上赞美，让同事觉得我们不会"来事儿"？

　　可能很多的人都在生活中听到类似这样的话："他怎么可能做好这个项目？瞧瞧他那笨手笨脚的样子！""他脾气太暴躁了，不要与他交往。"这些话往往让我们感到难过和伤心。不管是什么原因，没有人喜欢听这样的话。我们听了尚且如此。试想一下，如果对方听了，是不是也会是这样的感觉呢？

　　俗话说得好："金无足赤，人无完人。"这个道理人人都懂，但一遇到具体的事情，往往会把这句话扔在一边，对别人横加指责，或者说话的时候不留情面。如果我们能巧妙地调整自己的话，让对方听起来更舒服一些，也许事情就会好很多。

　　当然，我的意思并不是说对方有缺点就不能批评，有不足就不提。最重要的问题是，当对方有些缺点和问题的时候，他们的身上也一定会有很多的优点，与其指责其缺点，得罪对方，不如选择恰当的时机赞美对方，以此来获得对方的信赖和好感。这样做会让我们与别人之间的关系变得更加融洽，两个人之间的合作更加默契。可以这样说，赞美是人与人之间关系处时最好的润滑剂。

　　那么，我们应该如何去赞美对方呢？

　　首先，我们在赞美对方的时候要真诚和恰当。比如说，每个人都喜欢美的事物，但是在赞美的时候，必须要挑选一个合适的时机和场合，不要言不由衷而惹对方讨厌。而且不要过分地进行赞美，以免给对方留下肉麻的感觉。

　　其次，在赞美对方的时候，要区分具体的对象。比如说，对不同的人，要采取不同的赞美方式和口吻。赞美年轻的同事和朋友的时候，不妨夸张一点儿。赞美那些德高望重的长者，我们在语气上要有必要的尊重。比如说，我们可以用请教的口气来赞美对方。这样就会让对方易于接受，感受到应有的尊重。要注意在请教的时候，要把重点放在别人的身上而不是自己的身上。

　　在赞美的时候要突出表现自己的真诚态度。要实事求是，有根有据，还要是发自内心的真诚，这样的话说出来才会让对方真心接受。否则的话，对方就会感觉你是在讽刺他，反而起到相反的作用。如果我们换成谦虚的态度，就能把赞美的效果发挥到极致。

冷言冷面惹人嫌

　　微笑是世界上最美好的表情，能够让人保持心情舒畅。而冷口冷面往往会让人觉得讨厌。可是有的年轻人偏偏喜欢装酷，整天摆出一副冷面孔给别人看，这样的年轻人，往往不会受到别人的喜爱。

　　我相信，在这个世界上，没有哪个年轻人不是胸怀伟大志向和抱负的。他们都希望自己能够获得成功，更需要得到别的人肯定。可是当你摆出一副冷面孔给别人看的时候，早就引起了别人的反感，就算是你取得了再大的成功，也很难得到别人的肯定。

　　我们不妨转换角度，设身处地地替别人想想。比如说，当你总是摆着一副"别人欠我500元"的表情给别人看的时候，能有谁会喜欢你呢？

　　我认识这样的一位年轻人，他刚刚大学毕业不久。由于找工作不顺利，最后在一家小公司就职。这份工作非常不合他的心意，于是他肚子里就好像憋了很多的火气。当同事和他说话的时候，他总是冷语相向。当上司找他谈工作的时候，他总是抱怨连天。好像全世界的人都对不起他似的。就这样过了一段时间，公司把他辞退了。他还觉得自己很冤！

　　其实他一点也不冤，甚至说得上是"咎由自取"。试想一下，有哪个公司喜欢请一位天天乱发脾气的太子爷来上班呢？如果你有出众的才华，又位居高位，可能有人会容忍你。可如果你只是个职场新人，又有谁会买你的账呢？所以，冷面冷语地对人不客气的结果，只会害了自己。

　　但是，有的年轻人对我说，我实际上一点儿也不想发脾气，更不想冷言冷语地对待别人。可是没有办法，我控制不住自己的感情，这种负面情绪就会泛滥成灾，最后达到一发不可收拾的地步，然后我就开始发脾气了。可是，别人又凭什么非要成为你发泄负面情绪的垃圾桶呢？

　　怒气是一种负能量，如果不加控制，很可能会泛滥成灾。有很多的年轻人火气大，生气的时候就喜欢板着一张脸给别人看。要知道，这样做的破坏性是很强的。它不仅会破坏你与别人之间的感情，而且还会破坏你在别人心目中的良好印象，给自己的未来造成不良的影响。

　　吴宏是一家超市的部门经理。有一次，有位顾客前来投诉，说自己在超市买的一包饼干过期了。这包饼干也就几块钱，是一位超市的员工在上货的时候没有查清楚，遗漏在货架上的。事实上，这只是一件小事，只要吴宏向顾客道歉，问题也就解决了。可是刚好那天吴宏心情不好，冷言冷语地说："就这么几块钱的东西，你还跑来找我，自己也不嫌麻烦？"

此言一出，立刻惹恼了对方。顾客一言不发，扭头就走。后来，他找到本市最大的一家报刊集团，向记者反映了此事。记者出于正义，迅速把此事写成稿子发表在第二天的报纸上。结果引起了轩然大波。超市不仅要公开向顾客赔礼道歉，赔偿损失，而且还给自身造成了巨大的负面影响，导致客流量锐减。就因为这件事，吴宏被撤职，当着全体员工的面做出了检讨。他非常后悔，就是因为一句冷言冷语，毁了自己的前途和事业。

热语一句三冬暖，冷语一句六月寒。只是说一句暖人心的话，并不需要我们付出多高的经济成本，也不需要我们付出多高的精神代价，但是却让听者动容，我们为何不成全别人呢？再者说，这也是成全我们自己啊！

电视上曾经演过这样的一期节目，讲的是日本的一个老板，他并没有多么杰出的才能，也不具备多么高的智慧。但是他对每一个员工都很亲切。每当早上上班的时候，他亲自站在门口迎接自己的员工，并且亲切地向每一位员工问好。员工们对这位老板的一句"早上好"极为感动。他们觉得自己很幸运，遇到了一位懂得如何尊重自己的老板。于是，每个人都拼命工作，以实际行动来回报老板。在这些员工的共同努力下，公司效益上升得很快，老板的腰包也渐渐鼓了起来。

这位老板表面上看来似乎并没有什么特别出色的地方。可是他日复一日，年复一年地用亲切的话语来抚恤下属，却收到了出人意料的结果。由此可见，一句暖人心的话会在实际生活中发挥多么重大的影响。

讲到这里，可能有的年轻人会说，我也不想冷口冷面地对待别人，可是我很难改变自己的这种态度，怎么办呢？

我认为解决这个问题并不难。首先，我们可先寻找一些缓解压力、释放负面情绪的渠道。比如说，去看一场喜剧电影，在家看一场激烈的球赛，或者去外面散散步，或者去找朋友聊聊天，逛逛街……当你随着这些消遣活动心情变得好起来之后，你的脸上就会有笑容，你说话的语气也会变得温柔起来。

其次，我们要尝试着改变自己的习惯。因为脾气暴躁的人如果经常发火，就会成为一种习惯，将来会很难改变。如果让自己去克服，可能会有一定的难度。这种情况下，我们可以找一个监督员。比如说自己最要好的朋友，或者说是自己非常不错的同事等等，这些自己亲近的人，往往说出的话是我们最在意的。所以，这种方法对下决心制怒但又不能自控的人来说尤为适合。

最后，我们可以尝试着多跟一些生性乐观的人来往。近朱者赤，近墨者黑。

常和那些乐观的人在一起，天天看着他们的笑容，听着他们开心的言语，一定会让我们的心情也随之变得开朗起来，我们的性格也会潜移默化地受到影响。时间长了，你会发现，自己已经在不知不觉间变成了一个爱笑的人呢！

保持谦逊，走得更远

为人谦逊有礼，是一种良好的修养。早在古人的典籍《尚书》中，就已经提到了"满招损，谦受益"这句话。古今中外关于谦逊做人的相关论述更是不计其数。谦逊已经成为年轻人个性修养的最基本的一条守则。

纵观历史长河中，那些因为做人谦逊而谋事成功的人更是不在少数。我们最熟悉的"三顾茅庐"的故事，就反映了刘备的谦逊态度。如果他不是保持这种态度三次去请孔明，而是天天摆个臭架子，估计孔明也不会买他账，更不可能辅佐他成就大业。

年轻人刚走向社会，保持谦逊的态度非常有必要。在西方，就有这样的一句谚语："谦逊是一切美德的皇冠。"因为谦逊将自律、天职、义务以及意志等和谐地融汇到一起。纵观那些事业成功的人，大多具有谦逊的美德。而那些能够谦逊地估计自己能力的人，在人生掌控方面往往能达到进退自如的境地。

我们如果刚踏入社会，一直保持谦逊的态度，还有利于我们渐渐地改变自己的行事风格。前苏联教育家苏霍姆林斯基认为，谦逊是爱好劳动、尽心竭力、坚定顽强的亲姊妹。而那些在职场中表现出色的人，以谦逊者居多。而那些喜欢夸夸其谈的人，往往并非勤奋的优秀人才。形象地来讲，谦逊好像是一架天平，人们用它可以测出自己的分量，从而具有自知之明。

秦华刚进入公司上班的时候，有一位同事的电脑出了点小问题，需要修复。当时，同事向秦华求助。因为这位同事年事已高，对电脑不是很精通。所以当秦华迅速把电脑修好的时候，他赶紧表示了钦佩的态度。秦华很是得意，他骄傲地说："这么点小问题，怎么能难倒我呢？不过，你也确实太菜鸟了，这样的小事都处理不好。"

闻听此言，同事脸上露出尴尬的神情。原本秦华帮了别人的忙，却落了个费力不讨好，反倒得罪了同事。从那之后，同事对他的态度冷淡了许多。这让秦华心里很难受。后来，秦华有问题向对方请教的时候，反遭遇一顿奚落。

秦华虽然电脑技术很不错，可是作为一名新员工，在别的方面并不一定占优势。同事与同事之间本就应该互相帮助，他不应该个性太张扬。如果当初秦华保持谦逊的态度，想必不会造成今天这样的结果。

须知谦逊的死敌就是傲慢，一个不懂得谦逊的人，往往会因傲慢而遇到危险，这绝不是危言耸听。无数职场的事实已经证明了这一点。年轻人涉世未深，有很多的事情他们不懂，当他们遇到一些复杂事物的时候，如果不保持谦逊的态度向别人请教，往往会把那些模糊的、肤浅的、表面的印象当作知识记下来。等到应用这些知识的时候，才发现，原来当初自己的认识是错误的。太自以为是的人，吃亏是早晚都会发生的事情。骄傲是年轻人的宿敌，如果不尝试着想办法战胜它，就会毁了自己。因此，年轻人迫切需要养成谦逊的品质，也只有这样，我们才能正确地看待自己的优缺点。

肖明作为职场上的一名新人，就非常注重让自己保持谦逊有礼的态度。他的工作是制图员。每当在设计图纸的过程中遇到不懂的问题时，他便谦逊地向老同事们请教。有一次，有位老师傅正在忙自己的工作，没有顾上给他讲解。他就耐心地等在一边，直到老师傅忙完手上的工作为止。老师傅很感动，悉心传授给他许多宝贵的经验。由于他获得了很多同事的指点，绘图的技术进步得很快。就这样，肖明很快地在一群同事中崭露头角，成为优秀的员工。

正是由于谦逊，让肖明走在了同事们的前面。他的经历值得我们学习。谦逊是年轻人在职场上取胜的"必备武器"。有了它，我们可以在自己的人际圈中通行无阻。此外，谦逊也可以让我们进步得更快，走得更远。

试想一下，如果年轻人保持谦逊的态度，就会经常反思自己，在自己的工作中找不是，寻不足，正视自己的缺点，提高对自己的要求。而那些不懂得谦逊的人，往往就会因为一点小成绩就得意洋洋，自以为了不起，甚至不惜自吹自擂，把荣誉当作自我欣赏的装饰品，向别人炫耀。当他们这样做的时候，虚荣心就会迅速膨胀，变得自高自大起来。年轻人如果太嚣张，就会在无意中得罪许多的人，当这些人给你穿小鞋的时候，你才发现是自己错了。而那些懂得谦逊的人，往往充满了前进的动力，在前进的过程中，一个接一个地获得成功。那些不谦逊的人，会让自己止步不前，躺在功劳簿上睡大觉。这些人绝对不会笑到最后。

因此，我们一定要在待人接物的时候做到谦逊有礼。你对别人的尊重，才能换回别人对你的尊重。

谦逊是一种美德，这并没有什么难为情的。谦逊的人就是最爱学习，也最会学习的人，请教别人其实比看书的学习效果更好。保持谦逊的态度，才能学到更多。大家知道，百川之所以流到最后都注入大海，主要是因为大海在最低的地方。大海保持的就是一种谦逊的态度。当我们变成一个谦逊的人时，就会觉得别人处处比自己强，这样一来，很容易就会把别人当成自己的崇拜对象来进行学习。如果你明显比别人强的时候，在感情上还能够谦虚平和，虚心求教，则是一种难得的修养，这种修养会让我们高瞩远瞩，走得更远。

"马屁"要拍得圆润

提到拍马屁，许多的年轻人会不屑一顾。他们觉得这是一种低贱的讨好别人的方法。诚然，我们对那些阿谀奉承式的"拍马屁"嗤之以鼻。可是那些有技巧的、有智慧的，可以让人感到心旷神怡的夸奖，无疑会让人感到心情愉快的。它们起到的作用是积极向上的，也是一种可以带给对方美好感觉的做法。这样的"拍马屁"方式无疑是值得我们学习和运用的。而这些话之所以受到别人的欢迎，主要是因为对方在拍马屁的时候拍得圆润。换言之，就是拍马屁一定要讲究技巧，如果没有技巧，很容易就会变成谄媚，甚至会引起别人的厌恶。

下面，我们通过一个笑话来说明这一点。据说古时候，有一位年轻人新赐了官职，准备去上任。在临走之前，他去拜访自己的老师。当时，老师问他："你准备要走了，做好了当官的准备没有？"这位学生回答："我准备了一百顶高帽给别人戴。"老师听了非常生气："你怎么能做这种圆滑的人呢？我教你的时候，可是再三强调要为人正直，不得溜须拍马的。"接下来，老师把这个学生教训了一番。学生赶紧点头称是，最后说："老师，您指教得极是。像您这样品行高尚的人，绝对不会去做溜须拍马的事情，晚辈一定要向您学习。"听了这句话，老师才长叹了一口气，满意地点了点头。当这位学生走出老师的家门时，轻松地对自己的属下说道："我的100顶高帽已经剩下99顶了。"

听到这个笑话，我们在会心一笑的同时，也不难发现，这位年轻人其实非常讲究说话的技巧，他拍的马屁根本没有让自己的老师察觉。而拍马屁的最高境界就是让听者察觉不出来，却又感到非常舒心。这位学生已经成功地做到了这一点。

大家都懂得说好话可以讨好对方。可是如果在拍马屁的时候，夸奖赞美的痕迹过重，反而会引得对方不高兴，费力不讨好。我们要知道，世间所有的人都爱听好话。一个愉快和睦的环境，是需要许多的好话来维持的。如果我们想要这样的一个工作环境或者生活环境，为什么不尝试着说些好话给别人听呢？

王强最初进入公司的时候，只是一名小小的会计。可是不到两年的时间，他却已经升职成为公司的部门主管。这让很多的人感到难以理解。这个年轻人是怎么获得提拔的呢？

原来，老板经常在自己的办公室里加班，有时候很晚才离开。而王强也是如此。两个人经常碰面。每次碰面的时候，王强就乘机将工作中的一些问题向老板请教。然后乘机夸奖老板知识渊博，懂得多。而每次遇到老板之后，他准备的话题也不相同，夸奖的内容自然也不会相同。这样一来，老板感到很受用，渐渐地和王强交谈变成了他的一种习惯。后来，他干脆提拔了这个小职员，使得大家都有聚在一起谈论工作的机会。王强恭维上司就非常讲究技巧。

相反，另外一位员工也经常夸奖老板。只不过，他夸奖的话翻来覆去就只有一句："老板，您今天又加班？好辛苦啊！为了公司，您可真是尽心尽力。"时间长了，老板都听腻了。最重要的是，这句话说得太过于直白了，老板心里还在想，他是什么意思，是在笑话我工作效率低，不得不天天加班吗？这样一来，反而引起了老板的误会，当然不会获得什么好果子吃。

由此可见，拍马屁是一种需要很大智慧的事情。不一定非要直白夸张地表现出自己讨好的态度，不妨像王强一样，找到机会，几句贴心理解的话，就能让老板感动不已。"拍马屁"一定要找准时机而动、找准地点去说。其实那些被"拍"的人，也是知道那些天天歌功颂德，时时弯腰哈背的人是想从自己身上获取一定的好处，只不过他们不愿言明罢了。

那么，我们如何讲话，才能获得对方的认可呢？

首先，我们要学会包装自己的语言。大家去购买小零食的时候，一定会有这样的体会吧？那些看起来包装精美，袋子上印的图案很吸引人的小食品，往往最受我们的欢迎。原因很简单，因为它们的包装太漂亮了。我们平时讲话也是如此，我们不妨尝试着包装自己的语言，把一些直来直去的话，拐个弯再讲，委婉一些，含蓄一些，这样一来，就会听起来很舒服。比如说，我们想夸奖一个人年轻。如果我们直接说："您看起来真年轻！"这话听起来赤裸裸地就是恭维，听的人不一定会感到舒服，也许在某些特定的场合，还会觉得有些不好意思。

可是如果换一种说法，效果就会好得多。比如说，对方实际已经三十多岁了，你可以说："您二十多岁了吧，我看着您的年纪和我差不多。"这句话表面上是在讲对方与自己的年纪差不多，可是实际上却在变相地夸对方年纪轻。而且这种不露痕迹的夸奖，会让对方很受用。刚开始的时候，这种说话方式我们可能运用得并不熟练，可是随着时间的推移，你渐渐地就会发现，自己说这种话已经变得非常自然，对方听了也会感到愉悦，这种有益于双方的事情，我们为什么不接受呢？

其次，我们要在平时通过别人的一言一行来了解对方，判断对方的需要。那些聪明的人，往往会从别人的一个眼神和动作里，就能了解到对方的内心。每句话、每件事情都能明察秋毫。这样一来，在我们夸奖对方的时候，就能够有的放矢，投其所好。

最后，要拍就真心实意地拍，让自己入情入戏，先感动自己，才有可能感动别人，为人要真诚一些。很大程度上，"拍"是一种夸奖对方、恭维对方，表达自己对别人崇拜、羡慕、钦佩的方式。它非常讲究说话的技巧。如果你没有足够的技巧，就不要说，以免得罪别人。从另外的角度来讲，拍的过程也是你与别人交流和传递信息的过程，在这个过程中，要懂得及时观察对方的情绪变化，随时改变自己说话的方式。如果太过于虚伪，就会让对方识穿，这样一来，说话就只能起到相反的作用。当然，在这个过程中，凡事都要把握一个尺度。此外，也不要把此视为升职、加薪、博得好人缘的"必杀技"。要知道，最重要的是自己的努力，毕竟获得别人的认可，才是生活中最最重要的。

留心"捧杀"陷阱

有人捧自己，究竟是好事还是坏事呢？有的年轻人面对这个问题的时候，心里产生了很多的困惑。通常来讲，如果捧你的人真正地了解你，而且真心地去赞美你，试图通过"捧你"来帮助你，那么他就是出自于一种善意。相反，如果有的人别有用心，利用你，先把你捧得高高的，再把你摔得重重的，那么，你就要当心了，摆在你眼前的，是捧杀的陷阱。

杜薇在自己的部门属于后起之秀。她是一位服装设计师，先进的思想再加独到的眼光，让她成功地获得了上司的青睐、同事的嫉妒。特别是张茗，对她更是怀恨在心。因为杜薇的到来，让她丧失了很多在领导面前表现才华的机会。

不久，公司接到了一个新的项目。项目的内容是设计一个中老年系列的服装。对于这个年龄的人群，杜薇并不擅长，因为她从来没有做过，而且她现在只是一个二十多岁的女孩子，对于那些中老年人的心理特点了解得并不多。她的本意，是不想接手这个方案。

可是，在公司召开会议的时候，张茗大力地吹捧杜薇，她说："杜薇的作品一向出色，从来没有让领导失望过，这次肯定也不例外。我相信经过她的手，人们对于中老年服装的理解就会上一个新台阶。肯定会有全新的不一样的感受。我建议，就把这设计中老年服装的事情交给她处理吧。"此言一出，大家都很赞同。于是，经理只好把这项任务分给了杜薇。

杜薇本想拒绝的。可是他们都在说夸奖的话，杜薇想拒绝也张不开口。就这样，她勉为其难地接受了这项任务。由于缺乏足够的经验，再加上她对此并不擅长，她设计的作品被客户退了回来。接下来，虽然她不断地修改，却始终不尽如人意。经理气愤之下，只得将这项任务交给了张茗。原来，这中老年系列服装的设计，张茗才是最拿手的。

不久，张茗的作品受到了客户的肯定，自然也得到了上司的重用。至于杜薇，则被打入了"冷宫"。上司再也不敢轻易把重大的任务交给她来处理。而杜薇，显然是误入了别人捧杀的陷阱。

年轻人涉世未深，遇到这样的事情，自然难免上当。吹捧者往往别有用心，他们的动机肯定是繁杂多样。但是不管怎么说，吹捧具有一定的麻醉作用，有的时候，会让我们变得飘飘然，偏移原来的设定好航向，这样一来，吹捧就会没有悬念地变成捧杀。

当我们听到有人吹捧自己的时候，很容易会变得不可一世起来。春风得意的念头不可能没有，而走路轻飘飘的样子，更是让人心里感觉很爽。可是在这捧杀的背后，会隐藏着什么样的危险，可能有的人并没有察觉。

大家都知道，杀人不一定要用刀。而捧杀，则是其中最高明的招数。当然，这种"杀"并不一定要出现人员伤亡，不一定会让你流血，但是一定会让你流泪。捧杀的过程很简单，没有什么悬念可言，一定是别人捡好听的话给你说，甚至把坏的说成好的，或者把差的说成优秀的，把你的缺点说成优点，把你的短处说成长处。当你听了之后，就会分不清东西南北，这样一来，头脑一热，有可能就会做出超出自己理智的事情来。

举个简单的例子来讲，著名的寓言乌鸦和狐狸的事情，就是如此。乌鸦得到了那块肉，叼在嘴里舍不得吃。狐狸一心惦记着，就开始吹捧乌鸦，说它唱歌是多么多么好听。乌鸦被忽悠住了，它扬起头，挺起胸，正准备展露自己动人的歌喉的时候，嘴里的肉却掉了下去。狐狸跳起来，含着流得稀里哗啦的口水，叼住了这块肉，转眼跑得没影了。显然，这乌鸦是被狐狸"捧杀"了。

现实生活中，这样的事情也不在少数。大家都知道，喝酒的人醉了之后，往往总是强调自己没有喝醉。那是因为他们已经晕了，所以根本不清楚发生了什么，也无法做出正确的判断。而被捧的人，就是被别人夸得晕了，也会做出不合理的事情来。这样一来，就会害了自己。大家知道《伤仲永》这篇文章吧？里面的主人公仲永就是因为沉湎于别人的赞誉，停止了对自己的高要求，也不再去学习，最后变得和普通人一样。可以说，他就是被捧杀的。如果当初他不理会这些外界的赞誉，一心求学问，肯定会有更大的出息。

那么，在生活中，我们如何提防捧杀的陷阱呢？

当我们做出一些成绩来，赢得铺天盖地的赞誉时，一定要保持头脑的清醒和冷静。年轻人如果年轻有为是好的，可是前面的路还有很长，谁也不可能天天躺在功劳簿上睡大觉。我们所做的，就是保持清醒的头脑，认清自己的实力究竟如何，唯有"冷静、冷静、再冷静"、"清醒、清醒、再清醒"，只有做到这一点，才能让自己面对捧杀不动心，理智地继续未来的生活。

要学会平稳度过"迷惘期"。在荣誉和赞美面前不动心是很难做到的。这时候，你就会进入迷惘期。感到沾沾自喜，也感到有几分无所适从，这是很正常的心态，也不必过于焦虑。不过，重要的是你如何平稳地让这段时期度过，不让它对自己产生任何负面的影响。

另外，在荣誉面前，一定要保持平和的心态。"不以物喜，不以己悲"才是最高的境界，我们要向着这个境界努力。无论我们取得了什么样的成绩，都不要太过自以为是。要知道，山外有山，人外有人，比自己强的人多的是，自己根本没有嚣张的理由。当你的心态平和的时候，就会把那些赞誉之词置之度外。也唯有这样，才不会误入别人"捧杀"的陷阱。

修养可以修炼

有修养的年轻人，往往可以很快地认识到朋友，迅速赢得别人的尊重和好感。我们都希望自己成为一个有修养的人，只不过，光羡慕别人是没有用的。不如自己行动起来，提高自己的修养。修养是可以通过一定的方式和渠道得到修炼的。

陈朵朵刚离开学校的时候，既不会穿衣服，也不会打扮自己，言谈举止也显得很粗俗，在她去面试的时候，给人留下了很不好的印象。因此，她奔波了半年多，始终没有找到合适的工作。后来，她决心改变自己的形象，上了一个培训班，跟着里面的人修炼自己气质，改变自己的谈吐，最终脱胎换骨，变成一个有魅力的女人。当然，随后的求职也变得顺利起来，她很快被一家大公司录用。

我们也许不像陈朵朵那样缺乏修养，但是她修炼自己、提高素质的方法，却值得我们借鉴。在生活中，我们可以把自己修炼成一位艺术家，只要你愿意，每个人都可以。千万不要怀疑这一点。

曾有个年轻人对我说过，她出身于农村，思想比较落后。当她来到省城上大学的时候，那种新奇感受是无与伦比的。大学毕业的时候，她进入一家小公司工作。即便公司里没有几个人，她还是受到了轻视，大家觉得她很"土"，缺乏足够的修养。她对此很自卑，觉得这是无法改变的事实。她甚至幻想着如果自己出生在贵族一样的大家庭里，那该有多好。

后来，我跟她讲了康多莉的故事。她作为美国历史上第一位女黑人国务卿，赢得了无数人的尊敬。想当年，她只是一名普通的黑人小姑娘，在别人的眼中丝毫没有出奇之处。有一年夏天，她去参加了一个著名的音乐节。

当时，她在这些孩子们当中属于年纪比较大的了。当大家纷纷出场演奏钢琴的时候，康多莉吃惊地发现，自己别人相差得太多了。同样的曲子，她需要练习一年，才能弹得非常流畅。可是那些11岁的孩子们只看一眼就能演奏，而且弹得比她还要好。在当时，她绝望地想，自己不可能有在卡内基大厅演奏的那一天了。

就在她决心放弃弹钢琴的时候，是父母对她进行了鼓励。母亲说她还没有弹得好到能够自己做出这种决定的时候。如果等她长大了，弹得足够好了，才有资格说放弃，可是现在，她不去试试，又怎么行呢？

就这样，康多莉听从了母亲的建议，继续学了下去。多年后，当她以美妙的琴声技惊四座的时候，当她向众人展示自己良好的修养时，当年那种沮丧的想法早就无影无踪了。如果康多莉当时选择了放弃，可能以后的日子里她也会事事怯懦，绝对不会成长为一位有修养的国际政客。因此，我们在修炼自己的过程中，一定不能轻言放弃，一定要对自己有信心。世间已经有很多的事例证明了这一点。

提到影星张曼玉，大家并不陌生。在戛纳电影节上，张曼玉举手投足间展现出来的那种气定神闲，外表的雍容华贵，表情的平淡自然，无不表明她具有良好的修养。可是也许很多的人并不知道，当年她刚出道的时候，只是一个土气的小女孩。她那时长着两颗小虎牙，不算漂亮，也称不上什么有气质。当接受记者采访的时候，更是说不上有什么修养。就是这样一个不起眼的女孩子，却在四十多岁的时候，绽放出惊人的光彩。在这个过程中，她付出了许多。她利用演出的空闲时间，学习各种各样的技能，让自己修身养性，在拍完每一部戏的时候，都要反省自新。在日常生活中，她注意陶冶自己的品行，虽然演义圈很乱，她却像一株出水的莲花，表现得纯洁高尚，征服了无数观众的心。

张曼玉的经历值得我们借鉴。她的起点并不高，却在几十年里变成了一位有修养的国际巨星。在现实生活中，有修养的人就好像一株开得虽然不是很绚丽，但却散发出迷人香味的鲜花。迷人的气质是自内而外散发的。即便这样的人静坐不语，那种超然与随意也会让众人的视线停住，从而征服他们。

那么，我们如何提高自己的修养呢？

有修养的人，必须具备一定的文化底蕴。没有文化的人是很难酝酿出那股醉人的味道。所以要想修炼自己，一定要关注和重视自我价值的培养。在平时，我们可以多看一些书，从中汲取文化知识。有句话叫做"腹有诗书气自华"。如果自己饱览群书，自然就会懂得许多。懂得多的人，将会变得更加聪明，谈吐不凡，这样才会展现出自己的修养。

有修养的人，要懂得宠爱自己。一个不爱自己的人，是不可能提高修养的。那些爱自己的人，会注意到自己身体言行的细枝末节，会关心自己身边的一切，会在意自己在众人眼中的形象，这样一来，就会想方设法地去改变自己。比如说，言行举止彬彬有礼是非常重要的修养，而那些宠爱自己的人，哪怕站立的姿势美与不美都会直接关系到形象好坏，他们会让自己关注最基本的细节。这样一来，他们在众人的眼中就会渐渐地变得完美起来。

　　修炼自己并不是一朝一夕就可以完成的。如果我们不去努力，是很难丰富自己，提升自己的。要学着让自己修养有一个质的飞跃。但是这样做需要时间，它只能随着你的内涵的提高而逐渐改变。修养需要通过很多的方面来进行培养，比如说我们所接受的教育，我们的品位，我们后天的努力等等。也许你只需要几个小时就能学会化妆。可是内在的气质却绝对需要认真修炼和精心打磨的。因此，我们一定要坚持下去。相信有一天，你会悄然变成大家眼中具有良好修养的人。

图书在版编目（CIP）数据

赢在起跑线：毕业必修9堂课 / 皇甫智见著.
— 北京：企业管理出版社，2014.1
ISBN 978 – 7 – 5164 – 0642 – 7

Ⅰ. ①赢… Ⅱ. ①皇… Ⅲ. ①职业选择 – 青年读物
Ⅳ. ①C913. 2 – 49

中国版本图书馆 CIP 数据核字（2013）第 298514 号

书　　名：	赢在起跑线：毕业必修9堂课
作　　者：	皇甫智见
责任编辑：	周楚楚
书　　号：	ISBN 978 – 7 – 5164 – 0642 – 7
出版发行：	企业管理出版社
地　　址：	北京市海淀区紫竹院南路17号　邮　编：100048
网　　址：	http://www.emph.cn
电　　话：	编辑部（010）68701408　发行部（010）68701638
电子信箱：	80147@sina.com　zbs@emph.cn
印　　刷：	北京兴星伟业印刷有限公司
经　　销：	新华书店
规　　格：	710mm×1000mm　1/16　12.25 印张　227 千字
版　　次：	2014年3月第1版　2014年3月第1次印刷
定　　价：	25.90元

版权所有 翻印必究·印装有误 负责调换